尹洁 ◎ 著

康德心灵理论研究

上海三联书店

目录

献给

我的父母

导　论

促使我写作此书的是这样一个问题：在《纯粹理性批判》中，康德到底有没有关于自我意识的一个合理的观点？如果有的话，那么我们以何种方式才能挖掘出相关观点的魅力？当然，我还试图进一步探讨，在何种程度上，康德的观点能够启发当代分析哲学家关于自我意识的讨论。这些讨论始于两个由 Robert Howell 在其 2006 年的论文中提到的问题。问题（A）：究竟"我思"这个表象，如何能够，指涉性地，表象出"自我"，从而将其带入我们的思维意识当中？问题（B）：究竟，"我思"或"我"这个简单的表象和对自我的一个指涉，何以能够产生真正的、第一人称的自我意识？为了回答这两个问题，我将通过诠释康德观点和补充进当代最新文献成果的方式，重建康德的自我意识模型。简言之，我将试图发展出一个康德式的自我意识模型，而要构建这个模型需要借助于来自当代分析哲学文献的工具，从而能够将康德哲学的细节诠释得更为明晰。

当代关于自我意识的讨论，按照葛特勒（Brie Gertler，2011）的观点，集中在讨论在一个可能的自我意识片段里面，自我的本体论特性到底是怎样的。也就是说，在外部世界中，究竟自我在本体论意义上优先于一般的物理对象，还是由于其时空特征，自我其实也只不过是一般物理对象之中的一员？另外一个问题则是，在同一个自我意识的片段中，何以自我同时是意识的主体也是对象①？

---

① 这其实是我集中精力论述的一个简化版本。在主体和对象之间的区分在某种程度上总是很麻烦。但当我在此处说"主体"和"对象"的时候，我并非意图论证主体是 （转下页）

我着重要论证的是,康德有一个更好的方法看待自我意识问题,从而使得他不用判断在一个自我片段中,自我到底应该被看作首要地是主体还是对象,这是因为在康德的模型中,一个人拥有第一人称的自我意识当且仅当在一个意识片段中的自我意识的反身性得以可能的时候才可能的。我同时也论证说,主体和对象的二分法的应用是自我首先是主体还是对象之争的缘由,并且任何一个站得住脚的自我意识模型必须要回避这个二分法。

我并未采取一个笛卡尔式的二元论框架作为这个模型的形而上学基础,相较之下,我选取了用"反身性"来构建自我意识的模型。更精确地说,我将重点强调 Howell 的这一观点,即,直接指涉理论与康德关于我思①和自我意识表象的观点最为相关,同时,我也会强调卡斯特内尔达(Castañeda)关于自我和自我意识的核心观点,即"自我意识在通过 oneSELF 想到 ONEself 的思维片段中被实现"(Castañeda,1990,第 120 页),也就是说,在任何的自我意识片段中,一个人通过 himSELF 来指涉 HIMself。在这里,HIMself 指的是一个人以从物(de re)②的方式指涉之物,也就是说,这个人在指涉此物时并未代入对于任何内容性的思考,himSELF 指的是一个人在以 de dicto 的方式

(接上页)一个有意识的东西而对象是一个不能有意识的东西。我当然接受这样一种可能性,即一些对象也可以是主体,比方说,尹洁可以是霍威尔教授的认知对象而在同时其自身也可以是一件视觉艺术作品的认知主体。我做出这一区分是因为,正如我在后面将要展示的,在关于自我意识的辩论中,有一个恶性循环的问题基于这样的事实,即自我在自我意识的片段中似乎既是认知主体又是认知客体。我的论证所反对的是在此种自我意识个案当中居于主体和客体之间的二元分裂假设。并且,正如我在第三章中所要展示的,在舒梅克和伊万斯之间的辩论暗示了舒梅克认为自我先于外部对象是因为它作为一个锚定点使得经验认知可能,而伊万斯认为自我在某种意义上仅仅是外部对象的一种,因为它预设了本质性的时间空间特征,正如那些普通的对象比方说桌子椅子之类的。

① "我思"一般用于表示康德所认为的伴随所有表象的那种表象,而不是心灵行为。同样的,第一人称"我"一般也用来表示第一人称我之表象,而不是实体的那个"我"。

② 这里当我使用"从言"和"从物"的时候,这一区分适用于由这两类句子表达的精神性现象或者意向性现象。当一个人的思维仅仅把握命题本身而不知晓单独的个体的时候,那么这一思维就是从言的;当一个人的思维不仅把握了一个单独的实体而且也将这些属性归给那一实体的时候,那么这种思维就是从物的。

（也就是以可与其他说话者分享的方式）来指涉 HIMself。

初看下来，似乎康德在《纯粹理性批判》中关于"我思"的讨论和 Castañeda 关于自我意识的内在反身性（internal reflexivity of self-awareness）之间并无直接关联。然而，我的确认为 Castañeda 的内在反身性提供了一个最好的呈现康德那极具原创性的自我意识模型的框架。在"范畴的先验演绎"中，康德论证说先验统觉的统一是综合先天判断和自我意识的必要条件。

在本书的第一部分，我将勾勒出康德关于自我意识观点的轮廓，比如像"我思"、"内感官"和其他相关论题。然后在第二章中，我将讨论最新关于先验统觉统一的论题，也就是克切（Patricia Kitcher）所谓"康德之思者"。再之后，在第三章中，我将分别讨论当代两位分析哲学家舒梅克（Sydney Shoemaker）和伊万斯（Gareth Evans）的自我意识学说；在讨论这二位时，我的目的是想得出一些启示性的观点从而能够代入对于康德的解读和重新阐释当中去。在第四章中，我重点探讨 Robert Howell 是如何用当代语言哲学中的 direct reference theory（直接指涉理论）来诠释康德的"我思"概念，强调 Howell 的理解在何种程度上契合康德的文本并且我个人对于这一诠释的评论和回应。在第五章中，我着重探讨 Castañeda 的内在反身性概念以及这个概念如何可以作用在解释自我意识上。在第六章也就是结尾章，我将以前面几章的铺垫为基础，提出我重建的自我意识模型。

我的观点大概是这样的：在这个基于 Castañeda 观点的康德自我意识模型中，自我意识之所以可能，是因为有一个先验统觉的综合性的行为。这个发自先验统觉的综合性行为，既能以一种 de re 的方式反过来指涉出那个思维主体，又能以 de dicto 的方式将其经验认知全部归结于那个思维主体。自我意识的可能预设了以上这些。

我希望在正文的详细阐述中，我构建的这个模型的新颖性能够慢慢显露出来。简单地说，首先，这个模型能回答前述的问题（A）且不需要面对主体——对象的二分法。其次，这个模型暗示了一种我们可以借以辩护"无所不在命题"（ubiquitous thesis）①的方法，比如说，我们可以退一步说，并非是一个真正内容形式皆备的第一人称的自我意识②必须预设经验认知，而是一个第一人称的形式的自我意识③预设了经验认知。这样一来，修改过后的这样一个版本的"无所不在命题"（ubiquitous thesis）仍旧成立，而且同时我们还能保住意识并不预设自我意识这样一个结论④。

我所得出的结论，具体而言如下。对于问题（A），我的回答是：由先验统觉的统一所执行的综合行为导致了经验认知的产生（当然这也需要一个人同时也得到了来自被动的感官所获得的直观杂多），并且同时这些行为也指涉出或者挑选出一个思维的主体，这个主体拥有一个纯形式的意识结构，并且因为这个先验统觉的反身性，综合的行为本身仅仅指涉出或者挑选出那个思维主体⑤而无需激发产生任何完整的、鲜活的第一人称自我意识，这是因为此时关于自我的内容还没有被呈递给被指涉出来的那个思维主体 e⑥。Castañeda 所认为的真正

---

① "无所不在命题"，指的是意识总是预设自我意识这样的主题。

② 这一在自我意识和第一人称我之意识之间的区分有必要作出，我随后将会论证，自我意识的形式性结构先于一个真正的第一人称我之意识的产生。因此在产生第一人称我之意识的过程中，有一个阶段里仅有形式的或结构的自我意识被产生出来，并且那还不完全是第一人称的，因为第一人称模式的单纯展示并不足以产生一个"有血有肉"的第一人称我之意识。

③ 或者它是"第一人称我的形式"（卡斯特内尔达的术语），这指的是一个纯粹的图示，该图示建构出了第一人称我之自我意识的本质性形式结构。

④ 当然这里有人必须得给出一个关于"自我意识"的不同理解，也就是，一个人不得不作出在"有血有肉"的第一人称我之意识与仅仅是形式或结构性的自我意识之间的区分。

⑤ 这个被指涉的思维主体与我在本书后面的部分设定来作为经验自我指涉物的虚构实体 e 并不是一回事。假设一个虚构实体 e 的建议是我导师霍威尔教授提出的。思维主体对于康德而言，是一个产生统觉行为的存在的实体，而统觉行为本身可以综合直观杂多。我们将能看到，思维主体被统觉的反身性行为挑选出来，但不是以这样的一种方式来给予我们任何关于这个思维主体的本性或其如何操作的知识。在这一过程后面的阶段里面，第一人称我之表象就产生了，然后就被心灵当作一个指涉被设定的、虚构的实体 e，也就是经验自我。

⑥ 需要注意的是，我的观点与霍威尔在他 2006 年的论文中提到的不完全一样，尽管我们双方都采取了反身性的概念。霍威尔（2006）认为，粗略地看，主体的思维，在产生我之表象的时候，反身性地把握到了自身并且以那样的方式主体，即我之表象的产生者，经由主体对于其在我之表象上使用规则（R）的意识而被呈现给主体。然而，我强（转下页）

的第一人称自我意识,需要一个从无自我的意识到一个有自我的意识的转变过程,并且这个无自我的意识或者说纯形式或结构的自我意识,其实只不过是一个先天形式或结构的图式,该结构图式仅仅能够把那个思维主体指涉出来。而关于这个被指涉出来的思维主体,按照康德的看法,我们什么也不知道,我们并不知道它的本性,不管是通过这个意识的纯形式还是通过其他的什么方式都无从知晓。按照康德在《纯粹理性批判》里面所说的,直观和知性的先天纯形式构成了自主的认知主体的本质。像如此这般的自我意识①还不是第一人称的自我

①（接上页）调必须得有一个阶段,这个阶段里形式的或结构的自我意识被产生是因为先验统觉的综合行为的反身性,并且这个阶段先于那个"有血有肉"的第一人称我之意识的产生。霍威尔认为我思表象是反身性的,而我认为是先验统觉的综合行为本身拥有反身性的特征。对于霍威尔而言,我思表象挑选出了思维主体,而思维主体是真实存在的;随后同一个思维主体又在内感官当中作为拥有那些由内感官向我们揭示的特殊思维与感觉的东西而出现。霍威尔的观点事实上是思维主体的那个实体和以我之表象而被指涉的,与我们将那些众多在内感官中呈现的思维、感觉和知觉归之于的实体,是同一的。因此霍威尔认为经验性主体与思维主体是同一的,至少当我们在综合内感官的杂多之时,我们将那杂多的内容归给经验性主体。根据霍威尔所言,我思表象因此不仅仅指涉存在于自身的思维主体。但是我思表象也在相关的文本中指涉经验自我本身。对于霍威尔而言,经验性自我仅仅是在内感官中作为思维主体显现的思维主体。然而,与霍威尔的观点不同的是,我认为没有任何我之表象能够起作用从而指涉思维主体。这仅仅是因为,经由统觉行为及其反身性,思维主体被挑选出,但不是以一种第一人称的方式,而仅仅是以一种我叫作形式性的方式。在我的理论中,当我思表象接着进入的时候,它并不挑选出那个思维主体。取而代之的是,它在内感官的杂多之综合中挑选出虚构的实体 e,并且我们将内感官中个体的思维、感觉和直觉都归给经验性的人,即实体 e,即使在实际的事实里面,实体 e 只是个虚构。再者,在我看来,不仅仅是我们关于 e 之本性并不知晓什么,因为 e 是个虚构。在我看来,思维主体存在。但同样真实的是,尽管思维主体存在,我们关于其本性或内容(或者关于究竟它如何完成它所做的事,等等)绝对不知道任何事。

① 在霍威尔的直接指涉诠释当中,第一人称我之意识并不需要属性归给那个实体之我。然而,我将进一步论证我在另一种意义上使用"第一人称我之自我意识"这个术语,也就是,在所有过程的开始,存在着这样一个阶段,在其中,经由统觉性的行为,只有思维主体被挑选出来。但是这一挑选本身只是意识的形式,并不包含任何第一人称我之表象或者任何真正的第一人称意识。我在前面提到过,并且将在第六章中解释,当思维主体在这里存在并且被挑选出来的时候,没有什么关于思维主体的本性或操作的信息因此为了关于那一思维主体的任何知识的目的而被向我们揭示出来。它仅仅发生在,在后面的阶段,当真正的第一人称我之表象被引入的时候,我们会达到一个真正的第一人称意识。那一真正的、第一人称的自我意识不可能在一个人没有在内感官中直观到自身的前提下被达到(并且随后将一个人在内感官中获得的知觉、思维和感觉都归(转下页)

意识,因为在此意识当中一个人并没有在思考他所指涉的那个HIMself。仅当一个人能够通过*oneself* 指涉 ONEself① 的时候,第一人称的自我意识才能得以可能。

对于问题(B)的回答则要求我们变换一下视角,也就是说,我们必须脱离这样一个窠臼,即总是认为第一人称的自我意识是在第三人称的意识上加上某些第一人称的要素或模式从而得以可能的。这似乎与 Evans 所持有的观点相矛盾,因为 Evans 说为了能够归结任何的精神的或者物理的谓词,一个人必须能够将谓词也归结给他人,而这就意味着自己只能把自己视作与其他一般对象没有什么本质性的区别。② 然而,我还将采纳所谓第一人称的意识是第一人称自我意识的一种原始的特征或模式,并且,它也不能被还原为第三人称的意识,但这并不意味着第一人称的自我意识是不可解释的。如此这般的第一人称意识仅当第一人称的自我意识由通过某个人以 himSELF 去指涉HIMself 而产生的时候才可能被产生,也就是说,"我"之表象仅当第一人称的自我意识片段出现时才一道出现。简言之,如果没有第一人称自我意识的片段,就没有"我"之表象③。再者,在如此这般的自我意识里面,自我归结的方式不同于当一个人归结精神的和物理的谓词给

(接上页)于虚构实体 e,这一虚构实体 e 是人们认为第一人称我之表象所应该指涉的东西。)

① 注意这里两者的区别,这一下划线强调由我作出。

② 有人也许会追问,究竟为什么有一个在普通对象与一个自我或一个主体之间的对比呢。我在这里需要讲清楚,是伊万斯提出这个区分的,他的想法是我们不应该将自我看作是一个神秘的实体,即区别于类似桌子或椅子这样基本属性都是空间性时间性的普通对象的实体。概括而言,伊万斯的论证所反对的是形而上学理解的某种特定类型,这一类型将自我看作不能被时间和空间特征所描述或把握。

③ 这也就是说,没有第一人称我之意识的话,就没有第一人称我之表象,但这不是去拒斥这样一个观点,即,在我所展现的康德理论的版本中,思维主体本身存在,尽管第一人称我之表象所指涉的实体 e 只是一个虚构。我在第六章中也将提到,我将思维主体自身看作是不同于实体 e 的。同样我也谈到,虽然不是在一种辩护的意义上来谈,一种极端观点的可能性,即根据这一极端观点,思维主体本身也是一种虚构。这一极端观点与康德本人的观点不同,康德认为思维主体,即那个对象向之显现的东西,是存在的,所以这里我不再进一步考察这个观点。但它的确引发了一些有趣的问题,我希望今后有机会再来做进一步探讨。

他人的方式,尽管,就像 Evans 所强调的那样,任何的归结都需要以一个人有能力能将自己或他人置于个别的时间空间中。而至于为何在时间空间中占一个位置的必要性并不一定意味着第一人称的自我意识预设第三人称的意识,①我的回答是康德在先天直观纯形式(包括时间和空间)上的先验论证,已然给为何将一个人置于个别的时间空间中对于达成自我意识而言是至关重要地提供了一个很好的说明,这个说明的存在使得将第一人称自我意识往第三人称意识的还原显得没有必要。

正因为有这样一个模型,我们可以领会这样一个观点,即第一人称的自我意识当且仅当第一人称的意识出现时才出现。我在这里在狭义上使用"第一人称的自我意识"这个词,也就是说,在此意义上,当一个人能够使用第一人称代词"我"的时候,他同时也意识到他所使用的这个"我"只指涉他自身而不关乎其他人。② 这也就是说,仅当我的自我意识和经验认知同时由综合行为和先验范畴的应用(当然同时需要来自被动感性官能的直观杂多)达成的先验统觉的统一得以可能的时候,我才能拥有这个有"我的"特征的经验。

因此,结论并不简单地是"我思"表象产生了第一人称的意识,而是由先验统觉的综合行为通过其以无属性方式指涉出一个自发的思维实体 e 从而产生了自我意识,但实际上这个实体 e 并不真的存在。真正存在的是思维的原初主体以及由"我"之表象而产生的这个主体的个别思想,这个思维主体能产生统觉性的思想并且在此过程中,任何有关此主体的本性都未能被揭示出来。正如我在第六章中将要揭示的,统觉性的思想通过生成一个反身性的思想;这个思想我叫做标

---

① 请注意也有可能伊万斯并不意图论证这样一个观点或者不赞成其关于自我识别的观点有我在这里所讲的这种暗示。

② 有一些哲学家也许会认为不是所有的第一人称我之意识是第一人称式的,比方说,我也许意识到尹洁在哲学系但我并没有在一种第一人称的意义上知晓,尹洁就是我本人,且尹洁在哲学系。然而,这并不是一个第一人称我之意识的案例而是一个关于某物的从物意识,而这个某物恰巧是我本人。如果"第一人称我之意识"是一种经由代词"我"(或经由康德的表象"我")而表达的意识,那么就难以看清究竟它如何可能不是第一人称式的。

记 M,因为它能够作为统觉性思想的一个真正的内在的第一人称"我"之表象。标记 M 当意识综合内感官和外感官的杂多时由统觉性的意识产生,并且这个标记 M 能够以一种指涉性的方式为统觉性的意识起作用,从而在我们看来标记 M 表象出了一个实体 e,而所有内感官杂多的元素都归于这个实体 e。然而,在我看来,真正存在的其实就是这个标记 M(M 是一个在我们的意识中来了又去的过渡性标志),并且这个 e 就是一个虚构的实体、一个由标记 M 指涉出的东西。当统觉性的思维综合内感官和外感官杂多而产生这个个别的思维标记时,统觉性的思维也因此向自己呈现了一个虚构的结构,在此结构中所有内感官杂多的元素都归属于一个个别的实体 e。因此这样看来,这个个别的实体 e 其实就是康德的经验自我,一个个别的拥有经验认知的人、一个通过其精神状态且通过此种综合,就能够知道一个外感官的对象有如此这般的特定的属性。(比如说,通过此种综合,我,尹洁,就能知道现在我看见一份论文摆在我面前。)一个真正的、第一人称的自我意识由此被达到,但是实体 e 仍然是虚构的,我们仅仅将其看作是我们假设的"我"之表象的指代之物。简言之,实际的情况是我们将所有杂多元素都当作是属于虚构实体 e 的,也就是"我"之表象的指代对象、那个被假设的经验自我。

1. 何以需要重建？

1.1　康德有没有一个关于自我意识的学说？

对于这个问题，我的回答是：没有，但是也有。

粗略看来，似乎康德从未明确地在《纯粹理性批判》中谈到过"自我意识"问题。然而，康德的确很多次在"先验演绎"里面谈到过"我思"和先验统觉的统一；并且，在先验辩证论中，他也用"我思"理论再次批判了理性心理学关于灵魂的理论。正统的康德释义要不就集中讨论先天范畴的应用是如何达成其声称的客观有效性[①]，要不就探讨康德是否在灵魂问题上有一个站得住脚的形而上学理论[②]。不管是哪个释义路数，"自我意识"的问题都没有被明确地提出来。然而，这并不意味着一个康德式的自我意识模型是不可能的。在本书中，我将论证这样一个观点，即，一个对于康德的"我思"概念以及其他相关概念诸如内感官、先验统觉的统一和经验认知的重构，将能够提示一个有关自我意识的模型，并且这个模型是康德式的，虽则说在细节上结合进了从当代分析哲学尤其是语言哲学关于直接指涉理论和反身性的讨论中得到的技术性术语。然而，这并不是说康德

[①]　关于这一问题的经典作品是霍威尔的专著，参见 Howell, R., 1992, *Kant's Transcendental Deduction*, Dordrecht, Netherlands：Kluwer Publishers。也可以参见选集比方说：Forster, E. (ed.), 1989, *Kant's Transcendental Deductions：The Three 'Critiques' and the 'Opus Postumum'*, Stanford：Stanford University Press。

[②]　参见 Ameriks, K., 2000. *Kant's Theory of Mind：An Analysis of the Paralogisms of Pure Reason*, 2nd edition. Oxford：Oxford University Press。克切也在其新书中讨论了先验演绎和先验辩证论，但她的解读偏倚认识论而非偏本体论。参见 Kitcher, P., 2011, *Kant's Thinker*, New York：Oxford University Press。

本人持有这样一个有关自我意识模型的观点。说可以从康德文本中读出一些观点是一回事，说康德本人持有那些观点则是另外一回事。

现在再回到这一章节开头我提到的问题上来，我也许就能够说，尽管康德自己并不在他的文本中持有这样的自我意识理论，但我们仍然可以尝试重构出一个站得住脚的理论，使得此理论在一般意义上是康德式的，但又在细节上吸收进了当代哲学讨论的资源。最终，我们不能合法地声称由此模型所蕴含的关于自我意识的观点是康德自己的观点，但是我们也许可以保留康德关于我们的心灵如何运作的核心观点，而这些核心观点是非常有前途的。

1.2 对康德《纯粹理性批判》中术语的预先探讨

现在我将先讨论康德在《纯粹理性批判》中用到的重要术语。这些术语之所以重要是因为它们构成了康德关于人类知识是何以可能的这一探索的本质性框架，并且它们与我关心的问题也紧密相关，这是因为我的整个理论构建，在本质上而言，基于康德关于"我思"的讨论，而这是康德的知识理论的最为重要组成部分之一。在本章，我将仅仅给出一个对于这些术语的简单描述，我会在第二章通过讨论Kitcher的康德释义从而探讨康德的"我思"概念，从而使得读者能够看到康德的术语与我在第六章中要呈现出的那个自我意识模型是如何关联的。

1.2.1 直观 Vs.概念

在《纯粹理性批判》中，康德给我们呈现了一个人类知识的界限如何被探究的画面。整个批判基本上都基于对这样一个问题的探究，即，作为人类，我们到底能知道什么。一般而言，康德认为我们所获得的知识依赖于我们的两个官能，也就是，直观和概念，并且这二者都是必不可少的。在我们关于外部世界的知识中，最为关键的就是判断，也就是一种对于对象或个体归属于特定类型的描述，比如说这个例子："树叶是绿色的"。对于事物的直观直接地来自于我们生而就有的被动的感官官能,并且通过直观,我们能得到一个对于事物的 de re（从物）①意识,也就是对于事物的指涉不经过任何概念的中介。概念,是非直接的或者说被中介的,有了概念我们才能以一种 de dicto（从言）②的方式知晓事物,这也就是说对象似乎以一种拥有特定属性的方式向我们呈现。进而,概念与直观的联合作用以这样的方式给了我们以认知,即,在此种方式下,直观杂多必须能够借由我们的知性和想象力综合过后,对象才能以直观是被概念所呈现的那些属性所整理的方式向我们显现。

1.2.2　内感官 Vs.外感官

康德同时也把直观分成两组,也就是,内感官直观和外感官直观。这个区分是有必要的,是因为它们是被不同的直观形式所决定的。康德并不同意牛顿关于时间空间是外在于我们的必然存在这个观点。对于康德而言,时间和空间都仅仅是直观的纯形式。时间是内感官的纯形式,通过它我们可以知晓我们的精神状态,诸如各种感觉和感受;空间是外感官的纯形式,通过它我们可以知晓外部的对象和事件。

康德关于此的特别论点是内感官不能凭借自身给予我们一种信息,从而凭借此种信息我们可以知晓究竟它所获得的精神状态是否是属于某一个实体;唯一能使得我们知晓这些的就是去运用我们的知性去思考并认定哪些精神状态是属于我们的。换句话说,只有当"我思"表象③伴随我对于其他对象的表象的时候,我才能有一种思考我的这些表象都只属于我一个人的感觉。也只有以这样的方式,我才能得到真正的第一人称的自我意识。

1.2.3　对"我思"概念的一个简述

上面对于内感官的讨论把我们指向了一个问题,即,当康德谈论"我思"的时候,他究竟是什么意思？还有,即使我们把"我思"概念弄清楚了,我们也许还想知道是否在"我思"与内感官之间、就他们在形

---

① 参见导论中的相关注释。

② 参见导论中的相关注释。

③ 当然究竟如何细化这个"我思"表象还有待讨论。

成第一人称自我意识的功能或作用中,有什么关联。有时康德似乎说"我思"是个表象,有时又似乎在说"我思"是个概念。有读者可能会问这样的问题,当康德说"我思必须能够伴随我所有的表象"的时候,他到底是在表达什么意思呢?[①]

举个例子,以下我引用下康德在《纯粹理性批判》里面的原话:

"我把它称之为纯粹统觉,以便将它与经验性的统觉区别开来,或者也称之为本源的统觉,因为它就是那个自我意识,这个自我意识由于产生出'我思'表象,而这表象必然能够伴随所有其他的表象、并且在一切意识中都是同一个表象,所以绝不能被任何其他表象所伴随。"(B132)

"这就是这样一个概念,或如果愿意的话也可称为判断:我思。但很容易看出,这概念是所有的一般概念的承载者,因为也是先验概念的承载者,所以它在这些总是伴随着它的先验概念之间形成起来,因为本身同样是先验的;但它不能有任何特殊的称号,因为它只是用于把一切思维作为属于意识的东西来引述。"(A342/B400)

为了能更好地欣赏到康德在自我意识上的洞见,我们有必要找到这些问题的答案。既然我的目标是要展现康德的观点与当代哲学在自我意识上的讨论之间的关联性,这些问题答案的解读也必须,一方面在一定程度上解释康德在"我思"上的看法,另一方面也要能够做出合理的建议从而我们可以知道怎么处理当代哲学在自我意识问题上的争执。当代关于自我意识的讨论,正如我在第三章中讨论的,更一般地集中在两个方面:第一个是,本体论意义上或是形而上学意义上来说,究竟我们在思考一个自我意识的片段时,应该是将自我首要地作为主体还是对象来考虑;[②]第二个是,我们如何建构一个模型,凭借

---

① 参见康德的《纯粹理性批判》,B132。
② 参见导论中相关注释当中对于主体-对象区分的澄清。再次强调我本人并不很满意这个区分,但是为了能够反驳这一区分,我还是不得不把它单独提出来。我仅仅将这一区分的应用限制在探讨自我意识的问题上,也就是,在自我意识的片段中,究竟自我是如何意识到了那同一个自我呢?或是用另一种方法讲,究竟在这样的片段里面,作为主体的自我如何意识到作为对象的自我?

此模型我们能够更好地解释如何从"我思"概念过渡到神奇的第一人称意识的产生。[1] 这两个方面也在一定程度上是有关联的。

1.2.4 释义的困难之处

作为一个诠释康德第一批判的一般性问题[2]，先验唯心论的框架同时也为我们挖掘康德在自我意识问题上的原创力构成了威胁。先验唯心论说我们人类作为有限的认知者，只能知道事物向我们显现的样子，而无法知道事物作为物自体的样子。[3] 这个框架对于解释心灵也造成了负面影响，因为按照这个道理，我们也不知道心灵作为物自体本身是什么样子的，我们最多只能知道它向我们显现的样子。但是这样的观点不怎么令人满意，因为我们还是得知道究竟在什么意义上心灵向其所属者显现，并且我们也得知道究竟关于心灵我们能知道些什么。

当然有人可以很轻易地得出结论说，我们肯定知道心灵如何在内感官中如何向我们显现。然而，这不是真理的全部。后面我将论证这样一个观点，内感官在本质上区别于先验统觉，这是因为内感官是一种反思性的能力，而先验统觉则是"反身性"[4]的。我将论证说，在内感官中，自我仅仅在时间中向我们显现，因此内感官不能被看作是产生自我意识的基础。我后面将要谈到，实际上，自我意识的实现必须要有一种能够以无属性的方式指涉出自我，这也就是说，把"我"挑选出来并不基于对于属性的辨识。这就是 Howell 在 2006 年的论文中的核心观点，他倡导以如此这般的方式诠释康德的"我思"概念从而能够

---

[1] 我将这一主题当作从康德我思论述中得出的、将对于自我意识问题产生核心性影响的主题。

[2] 尤为需要参看 Henry Allison 的 '*Kant's transcendental Idealism：an interpretation and defense* '，Yale University Press，2004。也请参见 Robert Howell 的 '*Kant's Transcendental Deduction* '，Kluwer Publishers，1992。

[3] 康德关于"物自体"的观点十分复杂，我在这里暂时不讨论我的个人看法。

[4] 反身性的意识发生于当前的精神状态回溯到其前一个精神状态，但反身性的意识是当现在的精神状态与其自身相关联的时候产生的。这一区分在于，前者需要预设时间，而后者不需要。正如读者可能在第二章中看到的，此般的区分对于先验统觉的独特性而言特别重要，尤其有关其解释究竟自我意识是如何可能的这一角色。

启发我们在自我意识上的思考。Howell 建议说:"康德同时也认为,通过'我思'和其产生的自我意识,我们<u>指涉出</u>了那个'思维的主体',这个主体——尽管没有关于此主体的本质或属性能通过'我思'被揭示出来——也不只是一个表象但却是'<u>存在本身</u>'(B429)。"(第 119 页,下划线是我加的)这意味着反身性的自我意识不需要以识别属性的方式指涉出一个主体,但是其实可以以某种特别的方式指涉出或挑选出这个主体。有读者要问这是怎么得以可能的了,并且可能要问采取这样的框架结构诠释康德有没有什么正当化的理由。在第二章中我将引入 Kitcher 关于康德"我思"概念的讨论,并且将它当做是一个我用以理解康德"我思"概念的理论支持,后面我将会详述 Howell 关于如何在直接指涉理论的背景下揭示康德"我思"概念的生命力,并且我也将讨论何以我觉得这是最好的诠释方法之一。在第五章中,我将讨论 Castañeda 关于自我意识的理论,这一理论尽管自身不是关于康德"我思"概念的,但它,尤其是其"内在反身性"概念的自身部分,展现了如何作为一种启示理解自我意识的方法;并且正如我在后面所要展示的,这一概念构成了我所重建的康德模型的重要部分,并且它也能在某种程度上与 Howell 关于康德的直接指涉解读相互兼容。

1.3 概述《纯粹理性批判》中的"我思"概念

在这个章节中,我将展现众多关于"我思"的陈述。在这里简化的做法是借用 Howell 在 2006 年的论文中的总结,这个总结是我目前所看到的康德研究文献中最为全面的一个。正如 Howell 所建议的,为了能够建构一个站得住脚的自我意识模型,我们在面临多个关于"我思"的陈述时,需要分清楚,哪些是康德本人持有的或者极有可能持有的,并且我们在做这个分析时,需要能够为我们的观点找到合理化的证据,诸如来自文本的、能表明康德是怎么想的那些证据。[①] 我觉得这是一个很好的建议,当我试图给出一个有关康德自我意识模型的陈述

---

① 当然将这一观点归给康德并不自动地就为这一论断作出了正当化证明,还是需要有人给出关于这一论点本身的论证从而才能建构出一个站得住脚的模型。

并将为之论证的时候,我将会尤其注意分清哪些观点对于我来说是可接受的,并且我将给出相应的理由说明我为什么接受它。

1.3.1 Howell 关于康德"我思"的陈述

在 Howell 的 2006 年论文中,他梳理出了几乎所有康德在《纯粹理性批判》中给出的陈述,这其中既有来自范畴的先验演绎的,也有来自于先验辩证论的。在这里我将借用 Howell 的总结作为一个引子来说明如何理解康德的"我思"概念,并同时期望在这个引述、理解和评价的过程中能获得重建康德自我意识模型的灵感。

以下是从 Howell 在 2006 年发表在《康德之遗产》上的论文中(主要是从第 119 页到第 124 页)摘取出来的文字(当然下划线是我加的)。我同时也引用了 Howell 原本引用来佐证他将这些观点归结于康德的、来自于《纯粹理性批判》的文字,这是因为这些文本也同时是展现康德在"我思"和自我意识上的观点的部分,我们需要看看这些文本是如何支持 Howell 在这里总结的从(i)到(xi)的观点,并且需要揣度下康德关于这些论题的想法。[①]

(i) 我思是一个自发的思想之行为并且它可以——尽管它并不实际上需要——伴随我们的所有表象。

"'我思'必须能够伴随着我的一切表象;因为否则的话,某种完全不可能被思考的东西就会在我里面被表象出来,而这就等于说,这表象要么就是不可能的,要么至少对于我来说就是无。"(B132)

(ii) "我思"——或者说它所包含的并表象它自己的这个"空的表象""我"——是一个简单的表象(B135,B138,B68,A345 - 6/B404,A355,A443/B471,A784 - 5/B812 - 13 等)。如此这般地,它是一个"完完全全地空的表象",都算不上是个概念但却仅仅是"一个空的能伴随其他概念的意识"(A346/B404)。

"因为通过自我这个简单的表象,并没有什么杂多的东西被给予;杂多只能在与之不同的直观中才被给予并通过联结在一个意识中被

---

① 以下关于每一点的总结来自于霍威尔。

思维。"（B135）

"对主体自我的意识（统觉）是自我的简单表象，并且，假如单凭这一点，主体中的一切杂多就会自动地被给予的话，那么这种内部的直观就会是智性的了。"（B68）

"但我们为这门科学所能找到的根据，只不过是这个单纯的、在自身的内容上完全是空洞的表象：我；关于这个表象我们甚至不能说它是一个概念，它只不过是一个伴随着一切概念的意识。"（A346/B404）

"但我自己（作为灵魂）的这种单纯性也不是从'我思'这一命题中推论出来的，相反，它在任何一个思想本身中就已经包含着了。'我是单纯的'这一命题必须被视为统觉的一个直接的表达……但'我是单纯的'则无非意味着：'我'这个表象并不包含丝毫杂多性，而且它是绝对的（虽然只是逻辑上的）单一性。"（A355）

"……就是说，证明内感官的对象、正在思维着的我，是一个完全单纯的实体。"（A443/B471）

"……那就根本不能看出，为什么这个被包含或至少被包含在一切思维中的单纯意识，虽然就此而言是一个单纯的表象……"（A784/B812）

（iii）"我思"不能表象出任何有关"我"——即使这个"我"是通过"我思"才得以被我们知晓的——的任何属性或本质，我们也无从知晓作为在内感官中向我们显现的那个"我"的任何属性或本质，当然更不需提作为物自体的那个"我"了。

"与此相反，在对一般表象的杂多的先验综合中，因而在统觉的综合的本源统一中，我意识到我自己，既不是像我对自己所显现的那样，也不是像我自在地本身所是的那样，而只是'我在'。"（B157）

"思维就其本身来看只不过是一种逻辑机能，因为是联结一个单纯可能直观的杂多的纯然自发性，它决不把意识的主体表现为现象，这只是因为它根本就不去考虑直观的方式，不论这方式是感性的还是智性的。借此我把我向我自己表象出来，既不是像我所是的那样，也不是像我对自己显现的那样，而是我思维自己就像思维任何一个一般

客体那样,我抽掉了对这个客体的直观方式。"(B429)

(iv)"我思"的确表现出(或者"指涉出")一个实体(自我或者我)。

"但显而易见,依存性的主体通过与思想相关联的这个'我'只是得到了先验的表明,而丝毫也没有说明它的属性,或者说对它根本没有任何一点了解或知悉。它意味着一个一般的某物(先验主体),它的表象当然必定会是单纯的,这正是由于我们在它那里根本就没有作任何规定,这就正如肯定不可能有任何东西比通过单纯某物的概念而被表象得更单纯一样。"(A355)

(v)这个实体不能在我们的经验中被标记出来作为一个个别的、我们可从认知意义上将其与其他个别事物区分开来的对象。

"现在,我想要意识到自己,但仅仅作为思维着的来意识;我的独特的自己如何在直观中被给予出来,我对此存而不论……"(B429)

"与它不可分离的这种不便是因为,意识本身并不真的是对一个客体作出区分的表象,而是一般表象要称得上是知识时所具有的形式;因为只有对于知识我才能说我借此思维到了任何某物。"(B404/A346)

"因为这个我虽然在一切思想中,但却没有任何将之与其他直观对象区别开来的直观与这个表象相联结。"(A350)

(vi)通过"我思",我并没有得到关于那个不依赖于我通过这个"我思"表象来把握的实体自身的本质和辨别条件。

引文同(ii),(iii)和(v)。

(vii)"我思"的发生(连同本质),在产生这些诸如自我意识时,并不能被任何其他行为、表象或者心中的现象来解释,也不能衍生于这些,不能被还原消解成这些。

"现在,这个本源的先验条件不是别的,正是先验的统觉。"(A107)

"现在,我要把这种纯粹的、本源的和不变的意识称之为先验统觉。"(A107)

(viii)我们所有的关于"我"这个思维主体的理解——除去我们将"我"理解为拥有多个个别思想作为其谓词之外——就只能通过这个

"我"之表象了。

"现在虽然很清楚：我不能把那种我为了一般地认识一个客体而必须预设为前提的东西本身当做客体来认识，而且那个进行规定的自己（思维）和那个可被规定的自己（思维着的主体），正如知识和对象一样是有区别的。"(A402)

"在这里，为诸范畴奠定基础的意识统一性被当做了对于主体直观而言的客体，并将实体范畴应用于其上。但意识的统一性只是思维中的统一性，仅仅通过它并没有任何客体被给予，所以永远以给予的直观为前提的实体范畴并不能被应用于它之上，因为这个主体就根本不可能被认识。所以诸范畴的主体不可能由于它思维到这些范畴就获得一个有关它自己作为诸范畴的一个客体的概念；因为，为了思维这些范畴，它就必须把它的纯粹的自我意识作为基础，而这个自我意识却正是本来要加以说明的。同样的，时间表象在主体中有其本源的根据，这个主体就不可能由此而规定它自己在时间中的存有，而如果后面这种情况不可能存在的话，那么前面那种情况即通过范畴对主体自身（作为一般思维着的存在者）进行规定也就不可能发生了。"(B422)

(ix)我们通过"我思"表象（以及以"我"之本质所产生的自我意识）不能被进一步以任何能通过"我思"表象知晓或伴随"我思"表象的对象或表象来解释，或被还原成这些对象或表象；任何想到达到此种解释或是还原的尝试都要么就失败，要么就重新引入了那个我们试图解释的"我思"风格的自我意识（或者是"我"）。

引文同（viii）中的，B422。

(x)思考"我思"的那个自我，实际上，也是在内感官中向我们显现的同一个主体、同一个实体。

"内感官则是内心借以直观自身或它的内部状态的，它虽然不提供对灵魂本身作为一个客体的直观，但这毕竟是一个确定的形式，只有在这形式下对灵魂的内部状态的直观才有可能，以至于一切属于内部规定的东西都在时间的关系之中被表象出来。"(A23/B37)

"但如果这个批判没有弄错的话，它在这里教我们从两种不同的意义来设想对象，也就是或者设想为现象，或者设想为自在之物本身……那么，这同一个意志就被设想为在现象中（在可见的行动中）必然遵循自然法则、因而是不自由的，然而另一方面又被设想为属于物自身，并不服从自然法则，因而是自由的，在这里不会发生矛盾。"（Bxxxvii）

"但正在思维的这个我如何与直观到自身的我（凭借我至少还能把另外一种直观方式设想为可能的而）区别开来，却又与后者作为同一个主体而是等同的，因而我如何能够说：我，作为理智和思维着的主体，把我自己当作被思维的客体来认识，只要我还被通过这客体在直观中给予了我，不过与其他现象一样，并不如同我在知性面前所是的，而是如同我对自己所显现的那样：这个问题所带来的困难不多不少正是如下问题的困难，即我一般说来如何能够对我自己是一个客体，而且是一个直观的和内知觉的客体？"（B156）

"但'我思'这个命题就其所表述的相当于'我实存于进行思维时'而言，就不是单纯的逻辑机能，而是在实存方面规定了主体（这主体于是同时又是客体），并且这命题没有内感官就不可能发生，而内感官的直观所提供出来的客体任何时候都不是作为自在物本身，而只是作为现象。"（B429）

（xi）当我思考"我思"这个思想的时候，在这个思想本身当中（并且独立于内感官的运行）我拥有一种将我自己作为此思想的主体的<u>反身性意识</u>。

"现在，我想要意识到自己，但仅仅作为思维着的来意识；我的独特的自己如何在直观中被给予出来，我对此存而不论，在此我自己对于'我思'的这个我而言，但并不是就'我思'而言，本来只能是现象；在单纯思维时对我自己的意识中，我就是这个存在者本身，但关于这个存在者本身当然还没有任何东西凭这种意识就被提供给我思维。"（B429）

1.3.2　对 Howell 关于康德"我思"的总结的评论

Howell 在其论文中建议说，如果有谁想要确切地说清楚对于康德在"我思"和自我意识上的看法,那么他就得弄清楚,在上述的这些条目中,究竟哪些是他赞成的,这就意味着一个人需要找到一个释义的方法从而能使得他支持的命题为真。我在这里首先给出我自己关于以上观点的大致看法,而详细的论证和辩护则留到后面的几个章节去处理。①

命题(i)对我而言不仅仅是一个对于康德的正确释义,并且即使单独拿出来作为谈论自我意识的观点它也是正确的。康德在说我思必须能够、但并不必然事实上地伴随我的一切表象的时候,他其实表达了一个比较强的观点。如若有人支持此种观点的话,那么他必须得解释,为何即使我思仅仅需要能够但并不实际伴随我的所有表象,以及,为何在此种境况下,自我意识和经验认知仍然相互蕴含。② 在第六章里,我将给出重建的康德式自我意识模型,我将会解释,在我的这个模型里面,为何我思这个表象不需要,实际上,伴随我的所有表象,以及为何,即使如此,第一人称的自我意识始终能够被那个我思表象本身所产生出来。在本书的第二章,我将给出一个比较详细的、关于Kitcher 是如何看待康德的"我思"的论述,我也会展现为何我认为她在讲我思并不是一种经验也不在时间之中时,是给出了一个相当精彩的观点,进而,我将阐述为何我认为 Kitcher 的这一观点蕴含了对于康德之"我思表象并不需要实际地伴随我的所有表象"观点的一种解释。③

命题(ii),连同命题(iii)和(iv)展现出康德关于我思的核心观点,

---

① 关于这些论断的比较详细的正当化证明将会在后续的章节中讨论。
② 这其实与克切(2011)的观点——统觉的先验演绎与理性-经验性认知互相蕴含——颇为相似,我将在第二章再讨论这个问题。概括而言,这意味着统觉的先验统一在哪儿可能,理性-经验性认知就在哪儿可能,反过来也是如此。
③ 如果我思表象不是一种经验,并且不在时间里面(这意味着它不在内感官里,因为时间是内感官的形式),那么至少有可能去认为我思表象是纯粹的形式结构而不是具体经验是合理的。以这种方式,我思表象可以,作为一种纯粹的形式结构,以一种所有这些表象都属于同一个意识的方式来"规定"所有表象,而同时它又不伴随任何表象即并不表现得像是在这些表象之外又加了一个另外叫作"我思"表象的东西,不管是集合式的(collectively)还是分散式的(distributively)。

也就是，康德认为我思是一个空的表象，这意味着它无法提示任何有关自我之属性的任何信息，然而它却指涉出了或者说挑选出了一个"我"，这并不是那个经由内感官直观到的那个经验的自我。① 然而，命题(iv)并不必然暗示说，通过我思表象所达成的指涉的那个方式与指示代词起作用的方式相同。②

命题(v)则说，通过我们关于自我所知的信息，并不能因此就凭借我思以某种方式将自我与其他个别对象区分开来。像这样的观点当然也会对这样的可能性打开大门，即某些其他的方式也许能够允许我们找出或标记出自我，比方说，通过内感官，尽管仅仅自我在这里只是向我们显现出来的那个自我，而不是作为其自身的那个自我。我会就为何内感官在达到第一人称自我意识这一点上特别重要而做出解释，尽管内感官起作用的方式与我思表象起作用的方式不大一样。③

命题(vi)则说，尽管我思表象指涉出了认知的那个主体，它并未就此主体给出其他描述或阐述。换句话说，一个人也许可能通过我思表象无从知晓作为其自身存在的自我，但是问题是，究竟什么才算是所谓"作为其自身存在的自我"呢？反对者们可能会站出来说，其实并没有什么必要保留所谓"作为其自身存在的自我"这个概念，因为按照奥康姆的"剃刀原则"，我们在已然拥有相同解释力的情况下，无需设置多余的实体。我现在在这里先悬置我关于物自体这个概念究竟是否必要的判断。我仅仅假设说，这个概念可被看做是一个局限性的术语，这个概念本身不能给出什么比较积极的内容，但却只能对于我们关于自我的所知划出一个界限。在我看来，命题(vi)是否可以被正当化这一点，在某种程度上，应当被认为与在物自体概念上的判断相分离。

通过命题(vii)，霍威尔想要表达这样的观点，即在被我思所带来

① 但是霍威尔也认为康德将如此这般被指涉的我当作与在内感官中的我是同一的。
② 在此类指涉与由指示代词所完成的指涉之间的类同性由舒梅克(1968)所提出，我将在第三章中继续探讨相关的论证。
③ 我思和内感官各自在产生第一人称自我意识之中发挥的作用值得进一步讨论，因为正是这一区别将康德与其前辈即理性主义者和经验主义者区分开来。

的这个指涉的意义上,这个指涉现象本身不能被还原为任何表象或现象。如果有人倾向于同意这个观点的话,那么他必须能够面对这样一个问题,即,如果当前的这个观点是真的,那么如何解释第一人称的自我意识能够被如此不可还原的表象所产生呢?这里的推理是这样的,如果对于第一人称的我的指涉不能被还原为任何一个表象或是现象,那么也许有人会问,究竟第一人称的自我意识是哪里来的?这里的回答要么是坚持第一人称的自我意识是原初的或是不可解释的,或者坚持说此种第一人称自我意识的产生不得不依赖于其他不同于对于第一人称的我的指涉之外的其他来源。但是如果这样的话,问题就又变成了,究竟第一人称的自我意识的产生是否也在某种程度上依赖于指涉。如果答案是肯定的话,那么也得要精确指出究竟在何种意义上这是事实。

乍一看来,命题(viii)与前面的几个命题做出的论断几乎都比较类似,但是这一命题还着重讲了这样一点,即第一人称的自我意识在两种方式下都可以被理解。第一种方式是经由我思表象的指涉,第二种是通过内感官,但第一种相较而言更为根本。也许除了通过我思表象之外,没有其他方式,经由这种方式思维的主体可以被指涉出来,但是内感官能告知那些个别的、与第一人称的我相关联的那些谓词。然而,对于那些认为我们仅仅能通过内感官知晓关于自我意识的任何信息的人,以上这个观点显得荒谬了,并且任何一个想要为康德辩护的人都不得不讨论为何他认为仅仅内感官是不足以给予我们关于第一人称的自我意识的知识的。

命题(ix)则说经由我思表象的自我意识不能被还原为任何对于对象的认知。概括来说,这个观点就是说,既然任何对于对象的认知都预设了自我意识,那么就不大可能诉诸对于对象的认知来解释自我意识。诸如此类的观点就其论证的逻辑结构来说是合理的,但支持者如果要使得这个意义上的自我意识是完全不可还原的这个观点成立的话,那么他还需要再进一步澄清究竟在自我意识与对于对象的认知[1]之间

---

[1]　在自我意识与经验性认知之间的关系在克切(2011)那里得到了强调,我将在第六章中谈论这一点如何揭示了一种重建康德自我意识模型的方式。

有何联系。换句话说，经由我思表象所得的自我意识无法被还原为对于对象的表象这个观点需要进一步的支持，这个支持需要能够让人信服确实没有其他的办法使得我思表象被还原。①

命题(x)是关于两个自我的同一问题的，也就是说，在经由我思所知晓的那个先验自我与经由内感官所知晓的那个经验自我或者被直观到的自我之间的同一问题。我所引的原文作为一种文本支持显示了，康德似乎认为被我思所指涉的我与在内感官之中被直观到的那个自我②是同一的。如果这样的康德解读正确的话，那么我认为命题(x)需要进一步的支持方能成立。③ 我的观点是，如果打算发展一个康德式的或康德意义上的自我学说，那么要么就得找到一个模型，在这个模型中两个自我的同一可以以一种"免于错误识别"的方式完成④，要么就得论证康德并不认同这个命题。

命题(xi)是我论证的核心命题。⑤ 那个反身性的而非反思性⑥的自我意识对于我来说是唯一能够获取一个作为纯粹形式的表象的第一人称自我的希望，既然任何一个质料性的对于第一人称的我的表象都不得不引入内感官的话，这个内感官被认为是能够作为获得感性材料的官能，而这些感性材料都被归于那个第一人称的我。进而，任何对于内感官的运用将会带来感性直观，且感性直观反过来又预设自我意识。后面我会更详细地讨论，自我意识之反身性的概念是如何诠释

① 通过这一点，我暗示了我在后面将要作出的尝试，那将是一个更为细节化的关于我思表象究竟如何产生了自我意识，以及，如此一般产生的自我意识究竟如何可能是第一人称式的。

② 这里我使用了"自我"而不是"我"，因为在内感官中，自我是自我意识片段的对象。

③ 比方说，对于萨特而言，诸如此般的同一性是可疑的，萨特认为我们无从知晓那些执行对象之表象化的认知主体究竟与在内感官中被反映出的那个是不是同一个，因为在萨特看来，自我仅当反思性的思考行为被执行的时候才会被插入到意识当中去。参见 Jean Paul Sartre, 1991, *the Transcendence of the Ego*, pp. 44 – 48. New York: Hill and Wang。

④ 注意这与在经由我思表象来指涉我的案例中的那种以无属性的方式识别自我的问题不大一样。目前的案例是介于两个自我之间的识别，而不是意图挑选出那个单独之我的识别行为。

⑤ 我这里在(xi)上给予了较少的笔墨是因为后面的章节还会用大量的笔墨来为之辩护。

⑥ 在"反思的"与"反身的"之间的区分在于反思的意识通常用来将目前的精神状态与前述的精神状态相连接，而"反身的"意识指的是将目前的状态与自身相连接。

康德"我思"的关键。

1.3.3 霍威尔论诠释康德之"我思"的困境

霍威尔(2006)提到,在进一步诠释康德"我思"之前,有两个问题需要被处理。一是,康德在其究竟采取的是"表象化理论"还是"表象理论"这个问题上态度比较含糊。如若采取表象理论的解读,那么我们会认为既存在由外感官和内感官向我们显现的实体,又存在不可知的或非时间空间性的物自体;但如果采取表象化理论的话,我们就应该认为,直观的对象与影响我们心智和造成这些表象的实体完全不一样。霍威尔(2006)认为,为了给出一个更为合理的关于康德的解释,我们得选择用表象理论而非表象化理论来诠释文本。表象化理论的问题与物自体概念的问题都对于我们构建一个合理的康德的自我意识学说构成了阻碍。

我本人同意霍威尔关于我们应当选择表象理论而非表象化理论来作为解读康德的基本框架的观念。并且有一点需要注意的是,此种选择对于在解释自我意识时,如何诠释内感官的角色这上面有直接的影响。换句话说,如果表象化理论的确是用来诠释康德可能在《纯粹理性批判》中要表现的观点的一个比较合适的理论基础,那么我们也可以在一种逻辑一贯的意义上坚持认为在内感官中那些自我的确向我们显现出来,即使我们并不知晓任何有关它们作为物自体到底是什么样子。物自体的概念对于诠释康德以及捍卫康德的某些观点来说,的确是比较麻烦的,但如果我在这本书里面的目的是要重建一个康德式的自我意识模型,那么我其实也只需使得物自体的概念与我重建的康德自我意识模型相容就可以了。我并不需要在一种一劳永逸的意义上将其否定掉。在这本书的后半部,我将讨论这在我重建的康德式模型里面是如何能够被理解的,以及这如何能够与我重建的康德式模型相容。

霍威尔(2006)所洞察到的第二个困难是,尽管康德似乎在很多不同处的文本中表明其对于上述(x)①的接受,康德似乎觉察到至少两个

---

① 论点(x)认为思考"我思"表象的自我,事实上,就是与在内感官中出现的那个自我相同的那一个主体,那一个实体。

不同的自我,即"那个思维着的我和所被知晓的、在内感官中向我显现出来的那个被思维着的我"(剑桥英文版 p.124)。在《纯粹理性批判》当中,康德想要知晓的是"那个思维着的我如何能够与那个直观着的我相互区分开来(因为我至少有可能能够仍然表象出其他的直观模型),并且,那个思维着的我,如何能够与后者是同一个主体"(B155)。这是为了要处理这样一个问题,即,根据康德本人的观点,先验自我与经验自我是同一个,或者至少可以是等同的,但他又在有些文本中,比方说 B155,将两种自我当作是不同的。

霍威尔的观点是康德所谓两个自我的表述其实并不能反映出他对于自我意识的洞见。然而,我认为非常有必要坚持对于两个自我的问题进行着重讨论。不仅如此,我甚至认为康德关于两个自我的表述提供了有史以来关于自我意识问题的最深洞见。[1] 概括而言,我的观点是,我们也许有可能建立一个经得住哲学审视的康德自我意识模型,如果我们能够将康德诠释为是认为有着一个在先验的意义上思维着的我,以及一个在经验意义上,在内感官中被直观的我;或者换句话说,就是先验自我和经验自我。[2] 然而,我并不是在论证说在先验自我和经验自我之间没有同一性,我也并不是要说康德实际上认为没有此种同一性。我将在后面的章节中揭示的,是诸如此类的同一性并不需要一个由"我"执行的一个识别或等同的行为,这个识别或等同行为外在于或独立于一个第一人称的自我意识的产生过程。

---

[1] 我并不是在说康德确实认为每一个人都有两个自我。我持有的观点是我们有必要强调两个自我之间的区分。

[2] 然而,坚持区分是一回事,坚持在两个可区分的东西之间有同一性则是另外一回事。

2. 克切论康德"我思"以及统觉的统一性

2.1 克切的"思者"概念

帕特丽娅·克切(2011)在一种广义的斯特劳森传统意义上提出了一个构建"康德之思者"的计划,具体而言,就是所谓"一种以检视康德认知理论的方式来推进我们关于认知主体之理解的计划……"(克切2011,p.3)我将用整个第二章来讨论克切的这一计划,因为她在其2011年新书中所发展出来的新观点对于我重建康德自我意识模型而言具有非常重要的意义,尤其是她书中所体现出来的对于先验统觉的积极作用①的一个较为全面的描绘。经由克切在范畴的先验演绎以及先验辩证论里面关于"我思"和先验统觉的详尽讨论,她向读者揭示了我们究竟应当如何理解康德在《纯粹理性批判》以及其他文本中的"思者"②概念。

克切在其2011著作的第九章和第十章中着重论证了她关于康德的一个较为特征化的解读,即认为所谓"理性-经验性认知"③(克切本人的术语,其他学者那里暂时未见)以及自我意识彼此相互蕴含。

克切所采取的策略是重新诠释《纯粹理性批判》的"范畴的先验演

---

① 当我说"积极作用"的时候,我指的是克切解读康德的谬误推理部分时,并不仅仅坚持这一部分的目的在于反驳理性心理学,而是赋予了先验统觉一个更为建设性的角色尤其是在涉及其使得自我意识和经验认知都可能的意义上。

② 这并不是康德在《纯粹理性批判》中使用的术语,但却是克切本人在其专著《康德之思者》中的术语。我认为在某种程度上而言,克切的作品是对于康德之认知主体的重建。

③ 理性-经验性认知,根据克切本人的定义,是这样一种认知,即认知主体不仅在其中经由联结表象的形式而得以认知,并且也知晓此种联结是必要的。

绎"部分。正如绝大多数康德学者①可能会赞成的那样,整个"范畴的先验演绎"都包含着一个由人类能够经由经验认知这个假设出发的一个回溯,然后文本又从这个假设出发追问这是何以可能的。概括而言,克切的答案是康德认为我们人类之所以能够拥有经验认知是因为我们作为人类而言,是有自我意识的认知主体,且这些主体能够在我们连接表象形成知识的时候,意识到那些由我们自己做出的先天必要连接。克切(2011)强调从这些观点中得出的"我思"观点应该是认识论的而不是形而上学意义上的,②因为康德关于我们的认知如何可能的问题本身就应该是认识论意义上的。支持这一看法的理由在于,康德的问题问的是知识的可能条件而非追问知识在本体论意义上的基础。但克切本人在其著作第九章当中,又坚持说康德在描绘其思者轮廓时并不是很成功,因为先验演绎本身尽管皆是关乎"我思"这一主题的,但事实上由它并不能形成一个有关认知者是如何能够使用"我"这一表象的理论的。这一批评在某种程度上是公允的,并且我在第一章的开头就谈到康德本人事实上在认知者如何能够使用"我"这一表象的时候确实没有一个明确的观点。然而,正如我所相信也并将在本书中展现的,我应该能够重建出一个康德式的自我意识模型,这一模型应当能够解释自我意识是如何可能的。

为了能够揭示出一个由先验统觉所扮演的重建角色,而这一角色能够由康德持有的"我思"观念所引申出来,克切本人集中在第十章当中集中探讨了统觉的统一。克切(2001)一再强调她的进路不同于埃

① 比方说,参见 Karl Ameriks, "transcendental deduction as a regressive argument",载于 *Interpreting Kant's Critiques*, Oxford University Press, 2005。

② 克切指的是,康德我思的论述可以被看作是暗示了我们关于意识可知晓内容的一个认识论观点,而不是试图进一步论证说实体我存在。克切建议说,应当被强调的,不是意识的统一而是实体我的存在。然而,有人可能反对说,如果没有认知者和认知者的认知状态的存在的话,那么就不会有任何知识;如果是这样的话,那么似乎从较为宽泛的意义上来说关于存在的论断并没有什么错误。但是这样的反对似乎是循环的,因为既然预设了某物存在。再者,克切心中所想的不是一个针对一般性形而上学的提议,而是一个有针对性的论点,即康德关于我思的论述中,可以被推断出来的只是意识的统一,而如果要说这确实能够展示出实体我作为所有流变经验的(基础性)实体的话,那么很显然这一论断作出得有些过头了。克切并不认为存在实体我是不可能的,且她试图表达的与康德关于理性心理学家的批判吻合,也就是,说自我或灵魂是实体是错的。

里森的和沃金的,相较而言,她更倾向于对统觉做出偏认识论的而非是形而上学的解读。①

2.1.1 克切论"先验范畴的演绎"当中之"统觉的统一"

2.1.1.1 先验统觉:官能还是能力?

康德认为有三种精神性的官能。在 A 版"范畴的先验演绎"当中,康德写道:"但有三个本源的来源(心灵的三种才能或能力)都包含有一切经验的可能性条件,并且本身都不能从任何别的内心能力中派生出来,这就是感官、想象力和统觉。"(A94—95)克切认为读者期待读到的观点与此可能有出入,因为在这份名单中似乎知性并非作为第三种官能出现。然而,克切建议我们注意每一种官能的两种用法,即先验使用和经验使用。在 2011 年的著作中,克切也提到"他②可能会在导论性的文字里面使用'统觉'而非'知性'来彰显其是在做先验使用的这一本性"(克切 2011,第 162 页),也就是说,克切认为对于康德而言,知性与统觉在本质上没有什么不同,但是读者需要自己弄清楚康德究竟在哪些情境下使用"统觉"而非"知性"一词。

克切引入了一个在统觉的能力和官能之间做出的区分,以及在康德文本中提及的、在"本源性官能"与"基础力量"之间所做的区分。这将表明,康德本人究竟在统觉上持有何种概念仍是需要进一步探讨的。克切认为康德将统觉作为本源性官能还是基础力量的这个问题可以通过辨析康德如何使用"官能"和"能力"这两个词来达到目的。因此这里我们可能需要指出在这两种术语之间究竟存在着何种差别以至于这一区分对于理解康德的统觉概念而言尤为重要。

克切说,在沃尔夫的体系里面,"他③以'官能'一词指代做某事的可能性。相较而言,一般'能力'则是用来指称变更的实际原因"④。

---

① 参见上页注②。
② "他"指的是康德。
③ 注意"他"指的是沃尔夫,不是康德。
④ 为了使得这一点能够更清楚一些,可以举一个例子:我们拥有能够游泳的官能,但是能够使得我们游泳的力量却是 ATP(三磷酸腺苷)。三磷酸腺苷是一种体内组织细胞一切生命活动所需能量的直接来源。

（克切 2011，第 163 页）随后克切进一步建议说，康德也许采用了沃尔夫的体系而因此是在一种暗示实际上实现统觉官能之物的意义上使用"能力"这一术语。然而，正如克切所知晓的，仅仅基于术语使用的推测并不见得特别可靠。

克切认为解决这一问题的办法是进入康德的语境中去寻找究竟统觉是如何被描述的。在提出他的先验观念论的时候，康德预见到了他的读者会吃惊，因为他所给出的这个先验观念论是一个哥白尼革命意义上的观念，他坚持并非是我们的心灵顺从于自然而是自然顺从于我们的"主观基础，统觉"（A114）。康德同时也说"但如果我们考虑到这个……那么我们对于知识在我们一切知识的根本能力即先验统觉中看到自然界，即只是在自然界唯一能因之叫作一切可能经验的客体、也就是叫作自然界的那种统一性中，看到自然界，也就不会感到奇怪了。"（A114）康德在这些文本中所暗示的是，先验统觉是一种本源性的官能，这一官能比感性与想象力更为基本，因为不管感性和想象力做了什么，所有的表象最终都必须归属于统觉的统一，也就是说，任何经验仅当表象能够在一个统一当中联结起来，且这个统一就是我们在其中看到基础性的认知官能即先验统觉的那个时，它才是可能的。

但是有读者仍会有疑问，究竟什么才是先验统觉？它究竟是一个官能还是一个能力？似乎通过解释先验观念论是如何起作用的我们还是无从知晓先前那个问题的答案，即先验统觉的定义。随后克切还继续阐述了先验统觉作为一种官能和作为一种能力的区分。概括而言，克切对于这个问题的答案是："提出'基础性的能力'这个点子其实是作为解决另外一个问题的方案出现的：不是有关于为什么先验观念论是真的，而是关于如何在科学中取得进展。"（克切 2011，第 164 页）

究竟什么才是克切所谓的"如何在科学中取得进展"？我在这里暂时将问题搁置，等到后面我已经对于究竟什么是先验统觉有了一个比较详细的结论之后再来讨论这个问题。

2.1.1.2　有没有一个持存的主体"我"？

克切《康德之思者》的第十章第三节是一个有关统觉官能的探

讨。讨论这一问题的必要性在于克切认为康德的文本在某种程度上暗示了一种将统觉之官能作为持存主体或类主体实体的解读。克切引用了这样一段康德文本中有关先验统觉的描述作为讨论的开场：

"所以，在对我们一切直观的杂多的综合中，因而也在一般客体的概念的综合中，乃至于在一切经验对象的综合中，都必须找到意识统一性的某种先验基础，舍此便不可能在我们的直观上思维任何一个对象：因为这对象只不过是这个某物，其概念表达着这样一种综合的必然性。现在，这个本源的先验条件不是别的，正是先验的统觉……"（A107）

在 A 版"范畴的先验演绎"当中，康德十分明确地指出先验统觉在号数上是同一的。① 然而，克切（2011）也指出，尽管康德再三强调所有表象必须隶属于同一个"我"的必要性，如此的观点并不必然意味着他认为必须得有一个形而上学意义上不变的主体。这并不是说形而上学意义上不变的主体或我将会使得康德的整个体系筹划溃败，但我们至少需要看到这样的观点似乎过强了。克切在心目中真正所想的是，尽管她承认一个主体必须能够将所有的表象都归于共同的"我"，并且诸如此类的主体必须拥有一个官能能够这么做，这并不必然意味着官能本身必须始终不变或是在号数上是同一的。②

---

① 康德在其《纯粹理性批判》中将先验统觉当作是"号数上同一的"。参见 A107"凡是那必然要被表现为号数上同一的东西，都不能通过经验性的材料而思考为一个这样的东西"。也参见 A114"但与作为一个先天表象的这个自我意识不可分割的、并且是先天地肯定它的，是号数上的同一性，因为若不借助于这个本源的统觉，任何东西都不可能进入到知识中来"。

② 但似乎对于我而言官能可以保持逻辑同一性。关键在于没有任何要求说"我"之表象总是挑选出同一个实体或者同种东西，它总是挑选出在逻辑上看来是相同的实体或者角色——也就是形而上学意义上非常不同的东西能够扮演这个角色，但是这个角色（即扮演被我之表象所指涉的实体之角色）总归是一样的。就如，粗略地而言，"美国的总统"指定了一个单一的、同一的角色，但是不同的人在不同时刻都扮演这一角色。似乎康德自己也承认这个观点。如果"我"在所有其出现的地方都是不含混的，那么它总是指代相似的东西，但是对于康德而言，那一东西并没有被进一步指定，而只是逻辑上同样的东西，同样的角色，至于是哪个物扮演这个角色是多变的。进而，扮演那个角色的东西甚至可以不是一个单独的存在的实体类型，更别提是不是一定要是形而上学实体了。

相反地,克切(2011)认为我们必须能够承认一种比较温和的观点,也就是,认为必须存在一种官能或能力从而能够将不同的表象指涉向同一个"我"。克切继而指出事实上康德本人要求的也并不是统觉官能的持续,而是所谓"我思"表象能够总保持一致。① 克切认为她对于康德的解读,即她认为康德所需要的只不过是一个能够持续存在的、将不同的表象指涉向同一个"我"的能力的看法,可以被康德的文本所确证。为此她引用了以下一段话:

> 本源的统觉,因为它就是那个自我意识,这个自我意识由于产生出"我思"表象,而这表象必然能够伴随所有其他的表象、并且在一切意识中都是同一个表象,所以决不能被任何其他表象所伴随。(B132)②

从以上这段当中读出的结论似乎是,当克切说我们不应该过度解读康德的文本时,她倒是比较公允。如果连同她对于官能和能力所做的区分,那么似乎的确康德不是在论证一个统觉官能的持存,而仅仅意在论证一个能够将所有表象都归于同一个"我"的统觉之能力。克切认为她的这一解读有着康德文本证据的支持,因为康德也在 B 版《纯粹理性批判》当中放弃了所谓"号数上的同一"的讨论,这可以被解读为康德认为应当将先验统觉看作是逻辑上同一的,也就是说,先验统觉总是扮演着同样的角色而不论究竟是哪一个个别的统觉在扮演这个角色。

2.1.1.3 先验统觉,还是知性?

尽管将康德的意图解读为并非要论证统觉能力是一种主体或类

---

① 我的"我思"表象对于我自己的而言总归是可以保持号数上同一的,但是你和我并不能像享有一张纸那样享有我思表象。我有我自己的"我思",我的所有其他表象都与其处于一种关系之中从而能够在我的心中得以统一;并且你也有你自己的"我思",你的所有其他表象也都与其处于一种关系之中从而能够被统一。然而,正如我在第六章中所展现的,你的"我思"和我的"我思"确实享有一些核心的特征,因为它们都是构成第一人称我之表象的我之图示,并且以这种方式探讨的话,"我思"是一种类型。

② 参见康德《纯粹理性批判》,B132。

主体的实体而是一种逻辑同一性是合理的,但克切也注意到康德时常也会透露出一些信息似乎在暗示统觉的能力由于有一个单一的操作原则支配而与主体非常相似①。但这又作何解释?难道不是所有非随机的活动都需要一个原则吗?

我认为在理解这一点上需要注意到克切探讨这一点的意图何在。正如克切在其著作第四章当中探讨的,莱布尼茨反对洛克的"赤裸能力"(bare power)是因为他认为独立于其行为来谈论一种官能或能力是没有意义的。这也就是说,要个别化任何的能力或官能,非常重要的一点是要明确诸如此类的能力或官能拥有如此这般的倾向能够执行这样的一个行动而不是另一种行动。康德的考虑,正如克切所言,并不是说官能或能力在未有细化其行为之前不能起作用,而是"认知能力必须包含认知的构成性原则"(克切 2011,第 165 页)克切认为这将意味着,任何的认知必须包含思考的自我意识性行为在自身之内。②

正如克切所认为的,在理解康德的时候我们必须将原则看作是先于官能的,她甚至认为"官能只是在需要细化原则的时候被引入,如果经验认知是可能的话,思考活动必须依照这些原则运行"(克切 2011,第 166 页)。换句话说,克切所建议的是,我们应该暂时抛弃惯常的思维定势,即抛弃那种认为如果要理解行为就必须理解行为所执行的那个基础性的本体,取而代之的应当是,我们将行为的原则看作是理解的第一要义。也正如我们在康德的文本中所看到的,他一再强调统觉的统一是知性的最高原则,他并没有提及究竟什么是先验统觉官能,这意味着康德认为也许在知晓了相应指导原则的情况下讨论什么是

---

① 可以举缝纫为例。在过去或现在在某些地方,人们还是采取用手缝制的办法。在最为技术发达的社会,人们使用缝纫机去做这件事。然而,似乎两种方法都是要遵守某些特定的规则才能完成。对于缝纫的目的而言,人手的力量与缝纫机的力量需要被那些指引它们活动的原则所细化。

② 我认为我们不应该一步得出太多结论,因为说认知能力必须包含认知的构成性原则,还不足以强到能够得出结论说,自我意识性质的思维行动必须被包含在这个认知里面。对于我而言至多能断言,自我意识性质的思维行动能够,或拥有潜在能够,经由认知过程,外显性地向那个思者显现。毕竟,原则必然被包含并不意味着我们在一种从物的意义上知晓,他自身就是那个作出思维行为的人。请参见"导论"第 2 页注②关于 de re 的解释。

先验统觉没有什么必要。

　　克切说通常我们假设"一种能力对应一种原则"的规范模式，但是我们也许不得不采取另外一种方式，也就是，"一种原则对应一种能力"的规范模式。然而，这会导致另外的问题。康德有时候把知性与统觉等同起来，但如果这是真的话，那么似乎知性违背了"一种原则对应一种能力"的规范模式，因为既然已有 12 种范畴，那就意味着知性不得不以 12 种不同的方式来组织这些表象。相比之下，统觉的官能似乎只有一个原则，因为如果所有的表象都必须归属于单一的"我思"表象的话，那么就仅仅有一个原则在起作用。克切随后澄清这里并没有什么不一贯的地方。

　　我认为一旦理解了康德本人试图表达的，就不难理解这其中实则没有什么不一致的地方。尽管康德将知性和统觉等同起来，比方说他写道："统觉的综合统一是最高点，我们必须将所有的知性都与它相联系……总之这个能力就是知性本身。"（B133—34n，需要核对）这里康德试图表达的是：首先，仅当所有表象都遵循"我之原则"[①]的时候认知才是可能的，也就是说，所有的表象都要属于我或者被"我思"之表象所伴随；其次，如此这般的认知仅当感官材料可以根据先天规则（范畴）而被整理的时候才是可能的，这些范畴是知性的纯形式。克切进一步论证，既然其所谓"理性-经验"认知的过程与自我意识的产生过程总归是齐头并进的，那么其实只有一种官能，这种官能有人将其叫做知性有人将其叫做统觉罢了。区分在于不同的人想要着重强调其不同的方面罢了。换句话说，如果有人想要强调其主观方面，那么就可以选择"统觉"这一术语，因为的确是先验统觉使得所有表象都遵从"我之原则"并因此而生成自我意识[②]。但是如果有人想要强调其客

――――――

[①]　"我之原则"是克切本人的术语，意思是"对于任何一个是表象的东西，它必须与其他东西一起从属于一个持存的自我"。（克切 2011，第 123 页）

[②]　读者也许会反对这一点，基于以下的理由：首先，统觉之单一官能做了两件事情，产生自我意识与应用范畴，因此不清楚究竟拥有一个单个原则是如何重要。但我将在第五章和第六章中再谈到这个问题，我的理论的本质性的论断在于，思维过程本身构建了思者，因此产生自我意识的过程与产生范畴的过程是不可分离的。

观的一面,也就是强调客观世界的认知,那么就可以选择使用"知性"这一术语来强调所有感性材料都能被知性经由其先天范畴整理从而使得人类能够拥有关于世界的客观知识这一事实。

虽然说这样的解释有些新意,但克切也看到,先验统觉仍是比知性更为基本。读者也可能能够从康德的文本中看到一些证据,尤其是他在其中强调"综合"(synthesis)的那一部分文本。①

因此康德意图论证的是这样一个有关统觉的观点,也就是,康德并不认为通过对于统觉的理解我们能够知晓那个作为统觉之官能基础的持存的实体。康德持有的观点实际上仅仅是一种认识论的观点,即认为统觉的能力必须有意识地将所有的表象连接起来从而能够既带来认知又带来统觉的统一。换句话说,克切试图说服读者接受的是,康德在范畴的先验演绎当中仅仅想要将知识的必要条件演绎出来,且这样的目的决定了这样的一个基本事实,即他并不需要为所需的官能论证出一个形而上学意义上的基础。②康德的"范畴的先验演绎"的基本逻辑是,基于经验知识或经验认知是可能的这一情况,我们必须能够形成统觉的统一,因此最重要的其实是先验统觉的实际运作。换句话说,我们需要意义到这样一个事实,即,统觉的运作不得不在它所遵循的"我之规则"③以及能够使得"我之规则"得以应用的范畴性规则的术语系统下

---

① 参见霍威尔的论文"apperception and 1787 transcendental deduction",同样参见卡斯特内尔达的论文"The role of apperception in Kant's TDC",他们都各自强调了先验统觉是认知中最为基础的官能,因为其综合的功能。

② 这里我们再次回到认识论和形而上学的区分上来。读者也许会认为,在某种意义上,关于统觉之能力作为知识必要条件的探讨似乎既是形而上学的又是认识论的,因为我似乎承认那一能力的存在。但是这不是我觉得克切借用"形而上学"可能想要表达的。我用"形而上学"表达的东西是一些关于经验上不可确证的实体的存在(统觉之官能),其存在解释了知识状态的存在。克切可能会说,统觉的能力,因为其能够使得经验认知和自我意识变得可能,对于康德而言是经验上可确证的,但是统觉的官能不行。统觉官能不是在内感官或外感官中作为知识对象向我显现的东西。我认为对于克切而言,她所作出的在官能和力量之间的区分与其关于形而上学和认识论的区分有着关联,尽管读者有可能关于"形而上学"究竟意味着什么有着不同的理解,或者从一开始就不同意在官能和力量之间作出的这种区分。

③ 参看 2.1.1.1。

理解。

2.1.1.4　与埃里森以及沃金的形而上学观点之对比

克切也考虑到统觉的能力究竟是能够引发一个因果链还是仅仅能够提供一个有关必然联结的印象。诸如此类的主题本意是要展现在她自身的观点和在亨利·埃里森以及艾瑞克·沃金之观点间的对比。克切说她本来是要展现自我意识性的联结如何起作用以及诸如此类的联结究竟又如何与统觉的统一相关联。概括而言,克切认为她的观点是康德的观点仅仅是一种认识论意义上的,但埃里森和沃金却认为康德的认识论观点不可避免地要与其形而上学蕴含相互缠绕在一起。[①]

克切从引入埃里森的诠释出发,埃里森的诠释总共有四个部分。埃里森论证说,一个复杂的表象是一些更为简单的表象的综合体这一论断是一个分析性真理。埃里森认为这意味着一个单一的主体是必须的。正如克切所论证的,当康德批评理性心理学的论证时,他并没有批判整个论证而只是集中批判了从那个论证中引出错误结论的谬误,也就是说,这个论证在试图建立主体之简洁性上并未成功,反倒是在建立主体的统一上成功了。

然而,正如克切所看到的,这样的论证仍会受到康德第二谬误推理观点的攻击,因为既然"不同元素的统一将会是一个集合性的(collective)[②]统一,并且康德否认说这样的统一需要思维主体的绝对统一"(克切 2011,第 167 页)。

换句话说,克切认为不同元素的统一与主体的统一不是一回事。她给出的理由是多个表象被合并在一起并不足以产生有意识的综合,必须得有一些新的东西被加到这一仅仅是集合性的统一当中去。相比之下,有意识的综合[③]需要一个由部分表象所建构出的整全判断,而

[①]　有关形而上学与认识论之间的区分,请看上页注释②。

[②]　这样的统一不仅仅是集合性的,也会是分散性的。存在着对于每一个单个的表象不同的分散性统一性,并且也有对于整体而言的集合性统一性,也就是,对于包含了很多表象的整个经验而言。

[③]　请注意在"有意识的综合"与"综合的意识"之间是有区分的。

这就意味着必要联结之关系①是在这些部分表象当中被创造出来的。克切写道:"当思想以这种方式被理解的时候,统觉之我不可能是复数的但却必须被理解成单数的这一论断就是一个分析性事实了"(克切2011,第168页)。换句话说,统觉的我之所以需要是单数的原因,在克切看来与埃里森所认为的并不同。克切所理解的可以这样表述:统觉的形式是经验认知的主观必要条件。尽管克切和埃里森都同意说统觉之我必须是单数的,他们达到这一结论的方式不同。克切认为所谓一首诗歌的不同元素必须被整全地理解为一个整体的这一事实远远无法达到她的分析②,因为去诉诸自我意识性的统觉能力的综合是极为必要的。

正如克切所指出的,另外一种区分在于,在埃里森看来,康德是在坚持一种对于统觉之有意识综合的必要性,且这应当被理解为是对于她关于自我识别的主观知识之反思性陈述的一部分。但克切不同意这一点。埃里森给出的例子是,有这样一个拥有两个表象 A 与 B 的主体,并且其中的每一个都被可被区分的"经验性意识"所伴随。这也就是说,有一个"我思 A"和一个"我思 B"的思想与主体相伴随。为了使得主体能够有意识地反思其身份识别(同一性),该主体必须在单一的意识当中联结 A 和 B 表象。埃里森认为仅当一个人能够联结 A 和 B 的时候这个人才能意识到思 A 的那个我与思 B 的那个我之间的同一性。

克切认为康德本人不大会赞成这种所谓的反思性自我意识。现

---

① 有读者也可能会提出问题来反对所谓"必然联结"。假设说有一组砖头组合成(或综合成)一个房子。那么这些砖头本身是必然联结的吗?如果是的话,那么是在什么意义上呢?类似地,如果一组表象被综合成一个判断,究竟在什么意义上表象之间是必然联结的呢?这个砖-房的例子似乎展示出砖可以独立于彼此且在未组合的情况下存在,因此读者也许会认为同样的道理可以应用于判断中的表象。但正如克切所认为的,是表象联结或综合与之一致的那个先天原则,决定了这一联结本身是必然的。并没有先天的法律或原则来使得砖要依据它们组合,联结或组合这些砖的规则是被那些心中目标是建所房子或什么的人所发明的。

② 克切之所以说"我思"例子远远不是诗歌的例子所能表达的时候,她的意思是,尽管"我思"的例子和诗歌的例子都包含了统一性,但是在"我思"里面的统一性是基于一个有自我意识性的综合行为而在诗歌的例子中却不是。

在我们再来考虑埃里森的例子，如果有这样三个思想：第一个是"我思 A"的思想，第二个是"我思 B"的思想，第三个是"我思 A 和 B"的思想；那么似乎没有理由认为"我"必须是第一个和第三个思想之间的共同物而不是第一个和第二个思想之间的共同物。换句话说，如果在众表象当中没有一个共同的"我"，那么就没有理由认为这个共同的"我"应当由一个反思性的自我意识产生出来。

克切进而试图以一种宽容原则来解读埃里森。克切写道，如果我们将思维"A 和 B"看作是由部分表象 A 和 B 综合而来的，那么情况则又不同了。克切说也许埃里森的意思是，仅当我们能够切近表象 A 和表象 B 的时候，这一联结才是可能的，并且这一联结行为表明了这两个表象都同属于一个共同的主体。换句话说，联结之所以能够揭示主体的相同性，是因为一旦主体反思其认知，他就能够知晓他对于表象 A 和表象 B 的切近本身是构成其联结的必要条件。然而，正如克切指出的，这已然预设了一种条件，在该条件下，众表象属于一个单一的"我思"，也就是说，众表象之间的必然联结已然被预设了。克切进而论证说，如果没有此种预设，那么论证一种普遍共同的对表象的切近就不可能，但问题在于，如有此种预设，我们已然拥有一种被"我思"蕴含的关系。更为重要的是，克切写道："对于必然联结的意识并不需要反思；对于联结的<u>不显明的意识</u>是理性-经验认知[1]本身的一个内在的整合性部分。"[2]（克切 2011，第 168 页）

那么，究竟什么才是"不显明的意识"？克切是在说意识在去除其内容下的纯形式吗？[3] 还是她意指既有形式又有内容的意识，而这一意

---

[1]　克切常常用 RE-cognition 作为缩写来代替 Rational-Empirical Cognition，即理性-经验性认知。

[2]　克切这里做出的区分倒使我想起了萨特关于非主题性（non-thetic/non-positional）意识和主题性（thetic）意识的区分。在 the Transcendence of the Ego 里面，萨特提出存在三种水平的意识，并且在每一个水平，意识本身并不拥有对于其的主题性意识，而只是非主题性意识。

[3]　缺少内容的意识之形式结构，在我看来，像是一思维行为，这个思维行为通过作为结构性因素联结表象的方式来建构意识。进而，此般纯粹的形式要素并未增添任何关于其自身的内容因为它们只是构造了框架或结构。

识并不被主体所注意到？如果克切指的是后者的话，那么，当一种意识仅仅是不显明的或不被主体所注意到的时候，它又怎么能被称作是一种意识呢？然而，我们需要看到，当克切在论证这一点的时候，她其实是在强调众表象之间的必然联结也可以被理解为是以一种不显明的方式被实现，也就是这种实现无需另外的一个反思行为。换句话说，所谓的理性-经验认知本身包含了对于必然联结的不显明意识作为其必要成分。

克切实际上是在坚持论证一种对康德在统觉与"我思"关系理解上的认识论意义上的解读。正如她自己所试图揭示的，使得她的观点与埃里森的观点之间的差异的原因是她不强调康德文本的形而上学内涵。而埃里森将认知分析与先验自由相连接。埃里森认为康德将认知主体看作是先验自由的。克切反对这一说法，她认为实际上如何理解康德的"先验自由"很不清楚。克切认为，也许我们可以知晓什么是实践自由，也可能知晓什么是心理学意义上的自由，但先验自由却不见得。比方说，读过康德《实践理性批判》和《道德形而上学原理》的人也许知道康德认为真正的自由基于这一事实，即人们能够仅仅从义务的动机出发行动。换句话说，一个人如果能够当无论环境施予其何种相反方向的压力时也能从其义务动机出发来行事，那么这个人就可以被称作是自由的。但是究竟什么才是所谓的"先验自由"呢？克切进一步建议说，我们可以将它思考成为"在原因的序列中成为绝对起始点的那种自由"（克切 2011，第 169 页）。

因此接下来的任务便是要弄清楚，克切所说的这个"原因序列的绝对起始点"的涵义如何。[①] 在克切看来，埃里森认为康德同样持有认知主体与道德主体一样都可享有先验自由的这一观点。克切引用了一段埃里森的文本，在这一文本中埃里森展现了其对于判断之自发性的理解（或者所谓的"当作"理论）："基本的点在于，将某个人看作一个认知者，是去假设如此这般的自发性（先验自由），这是因为要去理解或者认知某物需要不仅仅拥有正确的信念，也要求以正确的理由来

---

① 概括地说，这意味着行动者完全基于自身启动了这个行为，在没有被任何原因激发的情况下。

拥有这些信念①,这将包含着一个能将这些理由作为正当化这些信念的能力。"(埃里森2006,第389页)

正如我所理解的,这一段展现出埃里森认为一个认知者的概念本身包含着假设自发性或所谓的先验自由在内。埃里森在这里论证的观点与克切的整体观点倒比较一致,因为克切的理性-经验认知是一种能被认知主体达到的认知,但也包含着认知者对于他们所作出判断之正当化理由的知晓。

克切亦澄清了在何种意义上她同意在上段引文当中展现的埃里森的分析。克切认为按照她对于康德文本的诠释,在对于概念或判断的认知当中,一个人必须能够识别作为认知基础的那些元素或者是部分的表象,否则的话这个人无从得到所谓的理性-经验认知。这意味着并不是拥有可以具化规则的表象,而是有关抓住表象之间的逻辑关系。比方说,为了使得一个人能够以理性-经验认知的方式做出"身体是无法穿透的"这一判断,我们需要意识到身体概念与"无法穿透"概念之间的逻辑关系。克切认为,尽管她与埃里森都同意经验认知要求理由被理解为是在一种逻辑的关系或关联当中,他们在应当如何理解为满足此种需要的必要条件上观点有所区别。

克切认为埃里森的诠释并不符合康德试图解释的观点。正如克切所言,一个先验自由的主体面对"如果p,则q"这个判断时是将q看做是一个新的起点。② 如果一个人认为他的表象中的一个并不依赖于

---

① 埃里森借用这个句子表达了一些东西,似乎在某种程度上与克切的核心观点相吻合。换句话说,克切叫作理性-经验性认知的东西也需要认知者不仅仅拥有信念也要意识到那些正当化他们信念的理由。当然这并不是说埃里森和克切在先验统觉的统一上关于心灵有着相同的看法。

② 这意味着q不依赖于p,在一种认识论的意义上。读者也许关于此有所疑问。假设说我,一个先验自由的主体,知道如果在下雨,那么街道就会湿。然后有人告诉我在下雨,并且我推出街道将会湿。这里似乎我关于q的知识,即街道将会湿,是认识论意义地依赖于我关于p的知识的,即天在下雨。我关于q成立的观点并不由我关于"如果p则q"和"q"的观点而决定,如果我是一个先验主体;我从这些论断中推出q就不是决定论的,尽管是推理出来的。我假设克切不会反对以上这些观点,但似乎这也没有把握到克切想说的。在我看来,克切想要强调的仅仅是先验自由主体能够自发地产生表象且以一种自我意识性质的方式综合它们。这一自发性是这里的关键。

其他表象,那么很可能他将会经由使用他的认知能力,慢慢意识到他自己的众状态属于一个统觉的统一。换句话说,如果一个人是先验自由的,那么他就不能看到他的表象是必然联结在一起的了。

尽管似乎埃里森的观点影响了后来所有在思想自发性和行动自发性上的论证,克切认为这个关于所谓"先验自由主体"的观点也许康德本人并不会赞同。克切引用了康德在《逻辑学》中的文字借以说明康德非常明确地拒斥了一种笛卡尔式的关于信念的自发论:

"意志并不会立刻对于'认为是真的'这一信念有任何影响,这将会是相当荒谬的。"(剑桥版逻辑学 577①)

荒谬之处在于一个人的判断是不能例示理性认知的,因为无法判断所得到的 q 的确是推断自 p,也就是说,他将不理解这是经由对丁前提 p 的理性把握他才能得知 q 的。除此以外,认知主体也不能理解精神状态是彼此必然连接的。克切想要强调的是,如果以上的是真的话,那么我们就无法将自身看作是思者了。读过克切整本书的人会得到一个印象,即克切的观点是思考行为本身在一种实质性的意义上构建出思考主体本身。

相比之下,克切认为"埃里森坚持认为统觉意识是从反思中产生出来的,并且将诸如此般的理由看作是需要一个新的因果链起点"(克切 2011,第 170 页),换句话说,埃里森并不将统觉意识作为包含在思考行为本身中,但是仅仅将其看作是从额外的一个对于前一个思考行为的再反思中得到的,这与埃里森所主张的"先验自由"观念是一致的,因为既然诸如此类的统觉意识的产生依赖于一个新的因果链的引发。然而,正如克切所看到的,理性-经验认知本身包含着那些能够使得主体把握众表象间必然关联的规则。因此这个认知主体应当意识到同一个思考行为里面的两个东西。一是使得他做出诸如"如果 p,则 q"判断的原因,另外一个是众表象间的必然联结。

然而,这里似乎有个问题。读者从关于康德的文本诠释当中可能

---

① 这一段转引自克切的专著《康德之思者》,翻译由我作出。英文原版可参考剑桥康德全集之 Logic,1992,translated and edited by Young, J. Michael。

看得出康德为之于经验认知的统觉之必然统一所做的论证，与主体是先验自由的这样一个假设是逻辑不一致的，这也就意味着埃里森的诠释是不合理的。

克切认为沃金的诠释与其的区分在于，概括来说，沃金在解读康德时带入的形而上学论断较多。克切与沃金共享的观点在于强调行动①在解释统觉当中所扮演的角色。比方说，在分析统觉的时候，沃金同样将综合活动作为是在产生众表象间联结中最为重要的。他同样强调了如何解释"我的"（mineness）这一问题，即如何解释那些由我所联结的众表象又如何属于我。② 克切认为最终沃金得以能够将"我的"（mineness）问题链接到"一起"（togetherness）这个问题。他所提出的建议是，简单而言，不同的表象经由对于综合活动的意识被联结到相同的"我思"那里。换句话说，沃金认为我们可以在对于"一起"的问题解决方案中找到对于"我的"问题的解决办法。

然而，克切认为沃金的诠释只不过是埃里森的诠释的一种变体罢了。埃里森认为表象 A 和表象 B 都只有在他们同属于一个主体的时候才能被联结，而沃金认为表象只有在作用于表象 A 的主体同时也是作用于表象 B 的主体的时候，其联结才是可能的。

但克切认为不管是埃里森还是沃金都以为对于表象 A 与表象 B 之联结的意识预设了一个共同的主体或共同的自我。

克切接下来论证道，如果这真的是康德所要表达的，那么康德的观点彼此之间就有逻辑不一致的问题了。这是因为康德本人非常明确地表示他不认为有反思性意识。只不过究竟行动的意识或反思着的意识到底是不是同一个意识尚未知晓，既然有一个意识必须得伴随所有的表象的话。③

换句话说，如果认知主体做了所有联结众多表象的工作并且同时

---

① 　与认知相对。

② 　在我看来，这与展现由我联结的表象也是我的第一人称意识是一样的问题。

③ 　用萨特的话来说，作为一个在体验着的认知主体，在这些行动意识彼此之间的识别与同一并不是内在的而是超越于我的。也就是说，我对于决定是否是同一个行动的或反思的意识完成了伴随或基于那些表象而行动的工作是无从知晓的。

知晓那些不同的表象是诸如此般必然联结在一起的并且这些表象由此而属于一个单一的思者，[1]那么就无需什么额外的推理了。

概括说来，当克切批判埃里森和沃金的时候，她想要论证的是，不管在下面哪种情境下，假设说存有一个能力或本体的相同性（sameness）都是冗余的，甚至对于一个合宜的康德文本阐释来说都是冗余的。

统觉之能力在综合众表象时可以是活动的，但这并不意味着该活动的统觉蕴含着一个单一思者的存在。克切试图强调的是，如若没有能够达到统觉之统一，那么就任何单一思者的情境做出特征性描述都是不合适的。决定是否存在一个单一思者的事实应当是，统觉应当根据经由先天范畴而来的规则执行一个综合的行为并且产生了统觉的统一。舍此便别无其他可正当化的理由认为一个单一的思者在一种形而上学的意义上存在。

克切写道："除非统觉之能力产生了统觉的统一，否则统觉之能力或者统觉行为本身都不属于一个认知主体。这些考虑依赖于对于认知的分析；这些考虑既不需要也不会被有关能力和/或内在于其中的本体的某种相同性（sameness）的假设所推进。"（克切 2011，第171页）

换句话说，如果没有产生统觉之统一性的这个结果，那么不仅统觉之能力不属于这个认知主体，而且那个思考行为、综合行为或由统觉完成的联结都不必然属于这个认知主体。简单来说就是没有任何正当化的理由认为存在这样一个单一的思者或认为存在这样一个统觉之能力或统觉行为的拥有者。[2]

---

[1] 对于那些认为必要的联结和众多的表象都属于一个思者这一点很令人困惑的读者而言，我不得不说，在我看来，一个人的先验统觉所使用来综合表象的先天原则既使得自我意识成为可能也使得经验认知成为可能，也就是说，由于那些被先验统觉使用的先天原则，自我意识与经验认知互相蕴含彼此。我的理论的核心主张是思者被这一思考过程所建构，因此除非有经验认知，否则就没有自我意识。一个自发的先验统觉官能还不是一个思者。对于我而言，思者必须是有自我意识的。

[2] 这恰恰是埃里森和伊万斯各自持有的观点。

这个问题的另一面在于，所有关于认知本身的结论都不该被认为必须得诉之于有一个单个的思者或者自我存在的假设。按照克切的理解，这个假设只会阻碍到我们发现认知之秘密的过程，但这在推进一个更好的、关于康德统觉观以及统觉与认知关系学说的诠释上并没有什么特别的好处。

沃金的观点是，概括而言，康德在先验辩证论以及范畴的先验演绎里面关于因果的观点，可以反驳休谟在个人认同（personal identity）上的观点。沃金认为康德的观点可以提供一个非休谟式的因果模型作为一种所谓"积极的基础"从而使得他能够经由找到在原因和结果之间的必然联结来回应怀疑论的挑战。沃金强调说我们应当将重点更多地放在 B153 的文本解读上，这样我们才能知晓认知者的确意识到他们自身的综合性行为，只不过不是经由内感官。

沃金所指的是这一段：

> 既然知性在我们人类中本身决不是直观能力，而直观即使在感性中被给予出来，知性也不能将之吸收进自身，以便仿佛是把它自己中的直观杂多联结起来，那么，当知性单独地就自身被考察时，它的综合无非就是这种行动的统一性，知性即使没有感性也意识到这种行动本身了，但知性本身通过这种行为就有能力从内部、就按照感性直观形式所可能给予它的杂多而言来规定感性。（B153）

这一段引文当中我觉得最为重要的句子是"当知性单独地就其自身被考察时，它的综合无非就是这种行动的统一性"。论点是通常被认为是由知性官能所执行的综合，可被看作无非是知性行为的统一性状态。但这究竟是如何可能的，以及这样诠释究竟有何优势呢？

一旦我们接受了康德在这段文本中所暗示的，也就是，综合其实只不过是知性行为的统一性罢了，那么我们也许就能够看到究竟这如何揭示了一种对于在何种程度上认知主体意识到他们的综合行为的启发性见解。对于以上论点的接受意味着一个人不能将综合看作是一个外显的思维行为,但仅仅作为一个综合的状态,这个状态知性本身是意识到的。对于如此综合的意识因此是包含在对于知性的运用当中的,并且这不额外需要一个思维行为,只需要这个思维行为本身就可以了,也就是说,这不需要一个内感官的运用,即无需导向一个反思性的思维行为。

沃金本人将这看作是对于休谟在必然印象上怀疑论性质论断的一种反驳,并且也将在一定程度上暗示理解因果性问题的解决方案。沃金(2005)写道:"既然休谟一贯地否认他有任何关于必然联结或因果活动的内在印象,很重要的一点是我们需要仔细地考察下这一点。"(沃金 2005,第 274 页)

有意识的综合活动是一种意识行为,在这个意识行为中,一个认知者拥有某种类似于非感觉性的、对于综合活动以及众联结表象之间必要联结的印象。在沃金的模型当中,我们可以看到他将统觉意识当作是某种与内感官比较相似的反思性意识。

正如克切主张的,康德认为统觉或知性不是一个接受性的,但却是一个积极的官能。换句话说,对于知性的意识是一种不包含接受性在内的自我意识行为。克切接着指出理解在有意识的综合(conscious synthesizing)与对于综合行为的意识(consciousness of acts of synthesis)之间的区分尤为重要。克切指出意识到必然联结与理性依赖的关系之间的区分也至关重要。一个人能够识别众表象间的必然联结但无法意识到在这些表象当中的理性依赖关系。然而,如果要为了论证因果性,那么得展现出人类不仅仅意识到必然联结还能够意识到表象间的理性依赖。比方说,为了确认是 X 导致了 Y,那么说认知者意识到表象 X 和表象 Y 是必然联结的是不够的,因为这没有消除 Y 导致 X 的可能性。

更具体一点来说,克切的担心在于,如果沃金的这一考虑,即康德的确试图通过展现认知主体拥有必然联结的印象来回应休谟因果问题,那么康德在反驳休谟论个人认同(personal identity)上便不会成功。为了能够为这一担心找出正当化理由，克切提出，从必然联结的印象(impression)①向必然联结的识别(recognition)再到理性依赖(rational dependence)之关系的识别这一论证跨度太大，尽管说对于必然联结的识别本身作为部分包含在对于理性依赖的识别当中了。也就是说，这样的论证逻辑是没有很好的认识论支持的。

因此似乎康德不大会同意上述对于先验演绎中统觉的解读。但很有可能的是，康德会在认知主体以一种意识到众表象间必然联结的印象的方式意识到其综合这一点上妥协②，但他不大会进一步承认对于众表象间必然联结的识别，更不会认同对于理性依赖关系的识别，也就是不会承认对于因果关系的识别。克切的观点在于她认为埃里森和沃金二人在解读康德文本上都带入过多形而上学承诺而这一倾向对于统觉之统一性的诠释而言并无多少好处。

2.1.1.5 有这样一个可被称作是"我思"的经验吗？

克切仔细考察了究竟什么是"我思"。具体而言，她考虑的问题是"我思"究竟是不是一种经验。我认为这一个部分是克切整本书中最具洞察力的，而之所以这里我需要花费一些力气来讨论这一篇章也是因为这一部分对于我在本书中所重建的自我意识模型有着支持的关系。我的观点也是将"我思"表象不作为在时间当中的经验，我认为这一点对于理解自我意识如何由"我思"表象产生而来尤为重要，正如康德本人在 CPR③ 中提到的。

克切援引了康德"反思"(1788—1790)的文本，但她引用该文本倒不是为了论证康德本人有一个关于此问题的较为连贯的或系统性的

---

① 克切试图表达的是，在"印象"和"识别"之间有着重要的区别，因为后者需要的比前者能够提供的多得多。

② 但读者可能不会同意克切的看法，认为康德甚至不会在"印象"这一观点上让步。休谟的印象是感性印象。康德否认说我们拥有任何必要联结的感性印象。休谟和康德二人都同意说没有必然联结的外在印象，也就是，我们确实在外在于我们的事件中看见必然联结。休谟认为有一个必然联结的内在印象，也就是感受到的从一个对象到其普通跟随物之想象的转变。康德将会拒绝说存在任何此种内在的印象。我们关于必然联结的识别对于康德而言也是个思想，不是印象。

③ 以后的文本中 CPR 指的都是《纯粹理性批判》。

观点,但她认为该文本可以被读作是揭示了一个对本体性思者的论证,这也正是克切在整本书中所致力于论证的。

克切认为康德的主要目标是洛克,因为洛克明确地主张人类能够通过内感官意识到其精神状态,诸如思维、感觉等等。克切认为康德的论证策略是呈现单个案例的变体从而能够使得精确的主题慢慢浮现。康德再次使用了几何学的例子,这一次他比较了两个例子。第一个是去考虑方形的概念,另外一个是试图在思想中画出一个方形来。康德认为在后一个例子里面,并没有感性印象,因为根本没有接受或者拥有印象。然而,经验,或者说经验认知是一种必须包含接受性在内的一种对于对象的认知。这显现出极有可能的是我思并不是一个经验,因为经验需要拥有或接受感性印象。

克切引用了一段来自康德"反思"(1788—1790)的文本:

> 无论如何,这一思想带来了经验之对象或者一种对于心灵的决定(determination of the mind),这些只要当被思维官能影响时,就能够被观察到;我因此就可以说,我已然经历了什么是属于以把握四边从而把握一个图形的经验……以如此的方式在这样的思想当中我可以揭示其属性。这就是经由思想在时间中对于我的条件的决定的一种经验性的意识。(R5661)

在思考方形这个个案中,我们也许能够想到"一个方形的对角线必须得是相等的"。克切说道:"这一思想'对角线是相等的'将会是一个有确定性的事件并且作为一个精神片段在内感官中是可被报告出来的。"(克切2011,第174页)然而,克切认为康德在这里的评论倒是令人非常困惑。她援引了康德在"反思"中另外的文本来解释这一问题:

> 这是对于经由思维的、在时间中的、对于我状态之决定的那种经验性意识。这思维本身,尽管自身也是在时间当中的,实际上当这个图形的属性在被思维时根本没有涉及到时间。但是经

验本身在没有与时间中的决定相关联的时候是不可能的。（R5661，18.319，Cnotes 289，本段文字由我译自克切的英文译稿）

以上这段文字显示出康德似乎关于在时间中的精神片段拥有两种观点。克切将这看作是在说不仅仅经验意识诸如判断"对角线相等"在同一个时间发生，并且对它的把握或思考也在同时发生。然而，在以上引文中康德所说的显示出他认为经验意识的思考"没有将时间考虑在内"。并且既然我们的任何经验本身都应是生命的一个片段并且必须在时间中被决定，那么我思也许就不是经验。

但接下来的问题是，如何解释经验意识发生在时间当中但是对于其的思考或把握却不在时间当中呢？这又意味着什么呢？我认为克切本人在引入康德的"反思"文本时开启了一个相当好的讨论，这对于我试图展现"我思"表象之本质的目的而言也非常重要，因为我的意图是要重建一个康德式的自我意识。

克切接着使用了康德的数数例子来表现我思表象确实不在任何特殊的时间插槽（time slot）。在数数的时候，那个"我思"表象既不在数这一行为发生之前，也不在数数行为当中。正如克切所言：

> 尽管关于对角线是相等的这一想法可能是一个拥有特定时间插槽的精神片段，但是关于包含在长方形当中的三角形的思考，以及关于它们的边与角之关系的思考，以及如此等等，必须本身通过一个完整的过程才能持续下去，如果说我要基于我关于对角线是相等的这个思考来做出判断，而不是仅仅通过像在我心中看见什么外来侵入思想一样看见了这一论断的方式来做出判断的话。（克切 2011，第 174 页）

实际上克切所持的观点是，这一对于思考行为的意识必须得贯穿在整个借以达到"对角线是相等的"这样一个思想的过程当中，并且如果我们不接受说这样的意识是插进心灵中的,那么可能的回答就也许是对这一思考行为的意识本身,而不是这个思考行为,不是时间中的精神片段。①

为了解决这个问题,康德提出了一个解决方案,克切认为这一段表现了康德的先验观念论立场。康德在其"反思"中是这么说的:

> 我在构建一个经验之时的意识,只要它是在时间中被空间地决定着的,就是我存在的表象。现在既然这个意识本身竟原本就是经验性的,那么这一时间性的决定,作为被包含在我的状态之时间性决定的条件之内,反过来就不得不被表象出来。但是这样就需要给出另外一个时间,在这之下(不是之内)那个构成我的内在经验以及一般来说我的思考的形式性条件的时间,是先验的意识,而不是经验。(R5661,Cnotes 289 - 290,Kitcher 2011,p. 174)

按照我的理解,以上引述的文字表明了康德关于如何给出一个关于"我思"表象的合理描述的观点,亦即关于思考行为的意识,也就是被洛克认为是一种可以在内感官当中被反思的经验。康德所说的是,一个认知主体在时间中的存在能够被一个人在时间中的经验认知所决定。然而,这并不意味着诸如此般的对于经验认知的意识也能够在时间中被决定。而这仅仅是因为,倘若经验认知是在时间中被决定的话,那么诸如此般的对于时间的决定又必须再次在时间中被决定,这也就要求另外一个不同的时间,但这似乎很荒谬。②

---

① 读者可能会认为这里关于正方形的例子有些令人困惑,因为思维行为识别出来的几何学关系本身不是空间关系这一点并不能暗示出思维行为本身不在时间中。这一反对于我而言似乎是正确的,但是我的理解是,克切并不认为这一例子足以证明我思并不是一个经验,而仅仅使用这个例子作为一个类比来易化关于这个观点的理解。被识别出来的真理不是时间性的这一点并不蕴含结论说那一识别出那些真理的思维行为本身外于时间,但似乎对我而言克切持有的不是这么一个强观点。

② 读者也许并不同意我这里陈述的推理然而却有可能同意这样的观点,即,思维行为可以在时间中,但其自身不被自身经验为在时间中。

在克切看来,这一点的重要意义在于,当引入先验观念论之后,康德能够反驳洛克的内感官模型,即反对洛克关于内感官能够产生"我思"表象的观点。对于康德而言,统觉之力量通过综合将时间性顺序引入了众表象,如果洛克认为时间是观念性的,那么他就需要面对这样一个问题:由于将时间顺序带入自身的那个思考活动本身必须也在时间当中,这就要求第二个时间,而如果第二个时间是必需的,那么荒谬性就显而易见了。

克切随后补充道,康德反对思维活动是一种经验的论证实则可被看作是独立于其先验观念论的。但倘若读者认同此种判断,则需要指出究竟在何种意义上这一论断能够被做出。我认同克切的这一判断,我认为克切的意思是即使我们不承认康德的先验观念论,我们可以接受康德关于统觉的理论。①

总之,在"反思"当中,康德展现了他关于流行观点即认知者是通过在内感官当中反思才意识到其思考活动的,并且他采取归谬方式来澄清了他的观点。在康德看来,悖谬之处在于任何经验都必须在一个特定的时间槽当中,但既然似乎思考活动本身不占有任何时间槽,那么思考活动或者我思表象就不可能是"理性-经验"认知的一个精神片段。因为,任何理性-经验认知必须能够使得认知主体能够在其联结众表象的时候知晓②她/他究竟在做什么。因此,克切写道,"某些综合必须得是有意识的,哪怕它们不能被理解为是在内感官当中的可被传达出来的有意识片段。"(克切 2011,第 175 页)我认为当克切在这里强调要具化在何种意义上对于一个人的认知的意识是怎样的,尤其是当其拒斥了内感官模型的时候,她给出了一个相当好的观点。克切也提请读者注意康德并不意在主张综合或思考活动发生在某个神秘的本

---

① 克切给出的关于其诠释康德统觉的理由,并不要求一定要接受康德的先验观念论。将康德的先验观念论和其他观点分离开来的做法类似于斯特劳森在其 *The Bound of Sense* 里面采取的策略,并且这是为什么克切将其自身识别为,在一种宽泛的意义上,"斯特劳森式的"(克切 2011,第 10 页)。

② 尽管需要确定究竟在什么意义上一个人意识到其自身的思维行动。我这么论述的意思是,还是需要进一步细化究竟一个人是在何种程度上意识到其作出的综合行为。

体性主体当中。并且,既然如此这般的意识并不在时间当中也因此不是片段性的,它就需要一些不同于内感官的东西来解释究竟它是如何可能的。换句话说,正如克切所坚信的那样,它要求"一个有意识的先验统觉的官能"(克切 2011,第 175 页)。

克切进而返回到原先她在先验统觉作为官能和作为力量的区分上来。她讨论了康德为什么似乎有时候认为统觉是一种本源性官能又有的时候是一种心理性的力量。概括而言,克切的观点是,只不过是有两种便利的方式分别强调事实的不同方面罢了,并且即使这种区分应该被强调,这也并不意味着康德在关于什么是统觉这个问题上模棱两可。克切的解释是她认为康德并不需要也不意图承诺关于统觉的形而上学本质究竟首要地是官能还是力量。正如克切所看到的,在本源性官能和心理性力量之间的二分法只有在特定领域内才重要,这一点她在其名为"本源性官能、科学性理念以及表象之基础"那一章节里写得很清楚。

克切建议探讨在先验分析论中作为本源性官能的统觉与作为心理性概念"灵魂"部分的基础力量的统觉之间的关系。这一尝试表明克切本人认为康德在整部"纯粹理性批判"当中有着较为连贯的观点。

接着她转而讨论在何种意义上康德的观念对于科学而言是有用的,也就是,理性在推进科学之时发挥的作用。我在前面曾经悬置过这个问题。[①] 正如克切认为的,由于理性具有一种统一性和同源性,科学也试图在其多样性中寻求普遍性或一般性。而正是在多样性当中寻求同源性的过程中,他们也同样在寻求一个基础性力量能够作为所有精神性力量的基础。

然而,克切也认为康德关于心灵之基础性力量的描述可能在某种意义上引起更多困惑。这之所以让克切觉得烦心是因为她认为康德似乎只是"碰巧"使用了统觉的基础性力量来阐释那使得科学成为可能的理性的同源性。麻烦的是,在《判断力批判》当中,康德明确地否

---

① 参见 2.1.1.1 部分相关论述。

认有一个统一的精神性力量：

> 非常容易显现的并且已经被理解了有一段时间的是，这一将
> 统一性带入官能杂多性的尝试，尽管是在一种真正哲学的意义上
> 执行的，仍是徒劳的……（20.206，《判断力批判》11）

这使得克切提出了一个问题，也就是说，"基于找到心灵的基础性力量
的不可能性已经被理解了有一段时间了，那么为什么康德又要用精神
性力量来阐释同源性这一规范性观念的运行呢？"（克切 2011，第 176 页）

克切给出了如下解释：一是，康德也许只是想要提供一个对于沃
尔夫的统一表象力量理论的反对意见。沃尔夫的理论错在它其实是
一种非常典型的将一个关于现实的规范性理念当作了一个本源性理
念。其次，克切说这其实只是康德在为下一个要提出的观点打下铺
垫，即"灵魂"也是理性的一个必要的理念。

值得注意的是，"灵魂"是理性的一个必要理念这一点并不意味着
灵魂在现实中是个形而上学意义上的存在。康德实际上在用"灵魂"
作为一个例子来批判其前辈把理性的规范性理念与一个实际的对象
相混淆。但究竟什么才是一个心理性的观念或理性观念呢？克切将
心理性观念当作是一个工具，通过这个工具心灵的多重表象能够以一
种系统的方式而被研究。换句话说，心理学观念并不在现实中以本质
性的方式被具化，但仅仅是作为一个解释表象世界的认识论性质的方
法。但理性主义者却犯了一个错误，他们错将调节性的存在当作了实
际在世界中的存在，或者说，当作了形而上学现实。

克切引用了《纯粹理性批判》中的一短话，一般而言这段话是用来
展现理性主义者错将理性的调节性观念当做形而上学现实这一点的。
但注意克切在引用的时候尤其提到了这一部分："因为这些属性也许
也基于相当不同的基础之上，而这些我们都并不熟知。"（克切 2011，第
177 页）康德想要表达的是我们对于那个我们假设是多种属性的产生
者的那个实体究竟是不是真正产生那些特征的实体其实是没有把握

的、无从下手的,因为使用像"灵魂"这样的一个调节性的观念来使得对于多种表象的解释更方便而得到辩护,[1]但是我们对于物自体本身并没有什么了解。[2]

正如克切指出的,在《纯粹理性批判》中还有很多其他段落表现康德在警告勿将调节性的理性观念与形而上学现实相混淆。如果换句话说,克切写道:"将观念之对象作为存在物来假设是一个严重的错误"(克切 2011,第 177 页)。康德在第一批判中也谈到了不服从此类建议的坏处:"……根据经验的指导,这也完全毁掉了并且破坏了理性的所有自然性的使用"(A690/B718),这里康德等于是通过坚称理性的使用能够被经验指导这一点而保留了经验主义者的精神。真正对于理性之调节性观念的使用是通过在科学的研究过程中提供帮助而达成的,而不是简单地通过断言任何教条来做到这一点。真正的解释要求我们能够诉诸经验,并且这一点在康德的文本中讲得很清楚。"要解释给予的诸现象,只能引用按照那些已知的现象规律而与给予的现象连结起来了的事物和解释根据。"(A772/B800)

克切认为康德在暗示"所有内感官的居民们都是对于一个单一的(如若不是简单的话)事物的决定,这些能够使得科学家们去寻找在这些决定之间的关系"(克切 2011,第 177 页)。进而,这种类型的趋势必须在某种意义上被限定,也就是说,科学研究仅当其在预设这些决定本身是互相联系而不是都从属于一个单一实体例如"灵魂"的时候才是可得到辩护的。简言之,关于心理性规律性的研究并不需要一个前在的条件作为其实体。克切甚至认为错误的前提不仅仅毫无帮助甚至阻碍了科学的发展。

---

[1] 我在这里则看到了另一种洞见,这也许可以在康德诠释中进一步探索,也就是,以上的观点类同在当代心灵哲学当中流行的并被叫作"多重实现"的概念。康德所说的也能够被当作做出这样的建议,即,我们所知晓的是究竟心灵如何工作但不是心灵是什么,并且同样的心灵力量可以被多种不同的"实体"所实现,但我们无从知晓这些实体。

[2] 我在这里不得不悬置我自己关于究竟"物自体"概念是否站得住脚的这个判断。我先仅仅将其当作一个合理的设定。但要注意,即使关于物自体的证明缺少,康德关于理性的规范理念的看法还是可以成立的。

但是似乎康德在先验分析论中的"本源性官能"与心理性的观念并没有什么关联性。克切说在先验分析论中康德的"本源性官能"与康德关于统觉的建设性观点并没有什么关联但在康德对于理性主义前辈的观点那里情况却不同,我认同克切的这一看法。在阅读康德文本的时候,需要注意的是,由统觉之官能和统觉之原则扮演的角色完全不同于心理观念所扮演的角色,因为对康德而言,前者是建构性的认知原则而后者是一种调节性的观念用以易化科学的研究。然而康德认为,理性心理学家的确在由于"我思的不寻常特征"(克切2011,第178页)而混淆理性的调节性理念和形而上学理念之时犯了错误,并且诸如此类的错误使得理性心理学家认为,比方说,存有一个单一的实体叫做"灵魂"且这是理性迫使认知者去寻求的。

进而,克切认为:"在认为'灵魂'指涉一个存在物而非一个调节性观念的时候,理性心理学家将其作为精神表象的基础或基底。"(克切2011,第178页)换句话说,康德认为理性心理学家所采用的方式,亦即,将调节性观念当作形而上学现实性的错误,这构成了对于科学进步的一个威胁。正如克切所坚持的那样,这错误造成的不是简单的结论——有一个实体叫做"灵魂",而是诸如此类的趋势有一个给人类的认知能力提供太多信心的效果。理性心理学观点的暗示在于人类可以单凭自身以某种未知的方式决定表象的基础,而无需查看众表象本身。康德可能会同意说众表象之间的确有着某种共享的基础,但是他不会认为人类对于这个共同基础有着认识。按照我的理解,这是一个在认识论上相当公允的主张,因为康德所拒斥的只不过是一种号称我们的知性能力超越我们所能承担范围的言论。康德表达的意思似乎是共同的基础是本体意义上的实体,尽管康德对于如何给出一个关于本体性实体的具体描述其实也并没有什么令人满意的答复,但康德试图给实践理性留下空间,也就是说,他试图在行动的语境中讨论本体意义上的实体而不是在纯认知的语境中讨论。[①]

---

① 我个人认为那些认为康德关于统觉的观点合理的人也许必须要接受这一假设,即,康德确实有理由去将理论理性的领域和实践理性的领域分开。

克切随后总结了由形而上学原则所发挥的作用,也就是说,所有表象必须能够属于同一主体的原则。在先验分析论当中,该原则表现了它是理性-经验认知之必要条件。换句话说,正如克切讲到的,"……认知者们如果要能够形成所谓理性-经验认知所必须要利用的先天我思表象"(克切 2011,第 178 页)。其次的用法是,诸如"灵魂"这样的理性的调节性观念能够提供一个框架,在此框架之下对于心理性规律性的寻求能够被易化。第三种使用在于,那些在认识的语境中不能被识别而在道德实践的语境中可以被识别的本体意义上的实体,在此领域里一切可以不按照物理世界的因果律运转并且仍可以作为因果链的起始因。

在先验辩证论当中,康德尤其拒斥的观点是:有一个本体论意义上的自我,且这个自我是形而上学地真的,并且它是所有人类认知力量和能力的基础。克切建议的是,既然康德认为唯一可能去拯救"我思"概念的办法就是去分离不同"我"之概念的线索,那么在诠释康德理论时根本没有必要去将这些线索重新组合在一起。这也就是说,坚持认为有一个单一的本体或实体叫做"灵魂"或"自我"其实是没什么必要的。

2.1.2 克切论先验辩证论中的"我思"

2.1.2.1 对于康德批评理性心理学的一个积极诠释

似乎在施特劳森过后,所有对康德在先验辩证论里面关于"我思"论述的解读或诠释都集中在康德的消极性描述上,也就是集中在他对于理性心理学的批判当中。尽管克切认为她在整体上同意施特劳森的观点,她试图以一种不同的方式解读辩证论,也就是将对于理性心理学的批评当作对于在范畴的先验演绎中所提出的积极方案的一个推进而已。我个人同意克切的这一看法,因为我始终认为康德在第一批判的前半和后半部分当中呈现的并不是一个断裂的自我理论,而是一个关于自我意识以及认知的毫不含混的描述。似乎说康德在先验演绎里面陈述一个观点而在先验辩证论当中又转向另一个观点并不妥当。

但正如克切所言,诠释的进路有多种并且有时还很有争议性。克切提到威尔弗雷德·塞拉斯也许是最早意识到康德在先验辩证中的"我思"描述能够与其在范畴的先验演绎部分相关联的。克切认为,相对比之下,阿姆瑞克斯仅仅是在理性形而上学的背景下讨论诠释康德之于理性心理学的批判。克切认为这些诠释进路的差别在于实际上关于"我思"有一个奇怪的事实。在《纯粹理性批判》当中,有两个"我",一个是建构性的"我",也就是心灵的某个本源性的官能或力量,另一个就是调节性的"我",即作为理性的调节性观念。前一个"我"之所以是建构性的是因为"我思"是一个先天表象,必须能够伴随所有其他的表象,后面的"我"是调节性的是因为它能够以帮助展现出众表象联结的方式来指引科学的研究。然而,先验辩证论的文本中并未包含任何明确的关于调节性观念的信息。但实际上所有在先验辩证论中的"我思"都与思维主体的必要统一有着关联。

克切援引了一段在《未来形而上学导论》中常见的片段,认为这段文字能够展现出康德在两个"我"之区分的明确观点,正如克切所言,这样的描述能够"帮助使得在先验辩证论章节的目标描述和其具体执行之间的分裂显得说得通"[1](克切 2011,第 181 页)。

> 大家很久以来就注意到,在一切物体上,真正的主体,即当一切偶性(作为属性)都被抽掉以后所剩下来的东西,也就是实体性的东西本身,对我们来说是不知道的……
>
> 现在,在我们对我们自己的意识(能思的主体)里似乎是有这种实体性的东西,当然是在一种直接的直观里;因为内感官的一切属性都涉及自我作为主体,而且我不能把我自己想成是任何的别的主体的属性。因此在这里,在既定的概念作为属性,对一个

---

[1] 在我看来,克切在这里暗示的是,尽管康德断言其在先验辩证论里面反驳了理性心理学家,但实际上他呈现论述的方式可以被看作是另外一个从正面角度的建构,即论证这样一个观点,存在着思维主体的统一性,即使对于一个思维主体的存在的承诺不能被作出。

主体的关系中的完整性似乎是已经在经验里提供出来了。这个主体不仅仅是一个理念，而且是一个对象，即绝对的主体本身。然而这种希望是白费的。因为自我决不是一个概念……（4.333 - 34，C1781 125，《未来形而上学导论》中文版第 112—113 页）

以上的片段表明康德明确认为，首先，非常有必要去考虑是否存在一个本体性的自我，也就是，是否自我之概念不仅仅是一个概念或调节性的理念而且也指涉一个本体性的自我。[①] 其次，似乎觉得自我并不在经验中展现，然而，我们并不能知道任何关于它的事实。第三，之所以我们关于自我一无所知是因为，如康德自己所言，"因为自我并不是一个概念"。在这里如何诠释康德的意思是一个问题。正如我在第一章中提到的[②]，康德区分了直观和概念，并且他认为经由直观只能拥有 de re 的知识，而经由概念的话可以拥有 de dicto 的知识。认知的可能性既需要直观也需要概念。我的理解是，当康德说"我并不是一个概念"的时候，最好的诠释办法是认为康德持有的观点实际上是我实际上并不能仅仅以一种 de dicto 的方式被知晓，但这样还是未能就"我"表达出什么积极的观点或理论。

克切本人在讨论先验辩证论时展现出的洞见在于她主张于康德对于理性心理学的消极批判即在先验辩证论谈到的理性心理学的自我或灵魂的观点中找出一种或建构出一种正面的、积极的理论。在对于理性心理学的批判中，找寻作为一个本体性存在的自我是被康德所拒斥的，因为假如这样的话，理性的调节性观念就会被错当做是建构性的。然而，克切写道："……解除幻象的方式是，比方说，一个本质性的'自我'何时是建构性的呢？是经由对于思想的必要条件分析所提示思想主体的理解实现的：它不是一个概念，诸如此类的。"（克切2011，第 181 页）换句话说，更好地实现对于先验辩证论的批判的方式

---

① 我的意思是，绝对主体，即"我"的指涉物，被"我"的使用引入了但是那一指涉物对于康德而言并不能似乎这样在我们的感官经验之中。

② 参看 1.2.1。

是去揭示经验认知的必要条件，也就是说，去找出康德究竟在先验分析论中想要建立什么理论。

然而，克切也提到她自己所采取的解读康德关于理性心理学批评的进路并不能因其自身展现出阿姆瑞克斯强调康德同时代理性心理学的语境这一做法不妥。其理由是，如果要理解康德对于理性心理学的批判，关于康德理论植根之传统的知识与细节化的、有关康德展开其批判所采用立场的知识都同样重要。

克切认为，尽管在如何解读文本上确实有一些意见分歧，但也有一些在康德文本诠释方面如何看待批判文字的三个主题的共识。① 首先，理性心理学在认知必要条件的分析能够提供任何关于认知主体本质的观点也不妥当（或正如克切本人所言，思者本身）。康德反复强调我思表象是空的，也就是说，其中并未蕴含任何关于思者的任何具体内容。第二个错误就是理性心理学家将经验前提与先验前提混淆了。诸如此类的错误被克切认为是"模糊的中间项"（A402, cf. B428 - 29）。② 第三，尽管康德本人并不拒斥这个事实说有一些形式的结论可以从我思当中被引出来，理性心理学家过度估计了这一结论可以被引申的范围。

除此以外，克切也说哲学家在面对讨论框架时达成了一致意见。我认为其诠释的框架本身，也符合康德本人在诠释先验辩证论时所采取的策略，这个框架就是，先验辩证论章节以展现人们是如何经由对于先验观念论的理解而意识到理性心理学家错误的方式提供了对于先验观念论的一个间接证明（A506/B534）。诸如此类的策略在克切看来，与她自己采取来诠释康德批评理性心理学的策略有着相关性。这种相似性在于，康德在负性的、对于理性心理学的批判当中埋下了一个积极的理论学说，而克切的解读也尊重了将对于理性心理学的批判置于经验认知之必要条件的正向论述背景之中的这一做法。

---

① 这些人主要指的是阿姆瑞克斯（Ameriks）、塞拉斯（Sellars）和克切本人。

② 我认为这是在康德和其反对者之间最为重要的区分。当我说"反对者"时，我指的是理性心理学家。

在开始其自身的诠释之前，克切并没有去考虑被批判的目标，即沃尔夫与其追随者，而是转向了思考究竟我思是如何与笛卡尔式的cogito 相关的。如此的讨论意图在于凸显这样一个问题，即，"既然他①将'我思'作为偶然的、经验性的命题，究竟如何、以及在何种意义上他能够坚持其理性认知的分析能够展现出思者存在"（克切 2011，第182 页）。我认为如果要基于对于康德在第一批判中观点的表述建构一个有关我思或者自我意识的正面理论的话，这将是一个相当重要的、急需处理的问题。有一个需要注意的问题是，克切提出"思者"这一概念，并不是为了对实体做出一个形而上学的承诺②，而仅仅是在认识论的意义上提出而已，也就是说，是为了表示存有这样一个思维的整体。既然克切并不认为康德的观点应该被当做是在论证一个形而上学的思者，她所质疑的便是理性认知的可能性之分析能够蕴含自我意识的统一性这个观点。

2.1.2.2 克切论康德关于理性心理学的诸观点

克切进一步建议说，为了更好地理解康德在先验辩证论中的洞见何在，最好的办法是将其与康德早期在同一话题上的论述。具体而言，她建议去查看由康德学生在 1777—1778 年以及 1779—1780 年间所记录的形而上学笔记。尽管克切也提醒我们注意，将这些笔记作为可靠证据可能会冒险，因为记录笔记的学生很可能会犯错。

在形而上学演讲当中很少谈及实体性的论证。克切认为在这些形而上学笔记中，康德的聚焦点在于"对于自发性的'证明'以及创造物行使真正自由这一相抗衡的问题"（克切 2011，第 182 页）。康德所有关于实体性的言论就是"自我"是所有谓词的一般性的主词，也是所有思维着的和所有行动的主词，并且不是任何东西的谓词（28.266，CMet79）。

相比之下，当康德在 A 版中批判理性心理学家关于实体性的论证

---

① "他"指康德。

② 再次强调，当我说"形而上学承诺"的时候，我的意思是，尽管接受了所有关于指涉物"我"的信息，但我并不需要提供关于"我"的经验性确证。

时给出的论证则更为具体。康德明确论述了为什么"我"总被当做是用来表象主体的,以及为什么论证(或三段论)中的小前提有吸引力。关于实体性(实体)康德在先验辩证论中是这样写的:

> 这样一种东西,它的表象是我们的判断的绝对主词,因此不能被用作某个他物的规定,它就是实体。
>
> 我,作为一个思维着的存在者,就是我的一切可能的判断的绝对主词,而这个关于我本身的表象不能用作任何一个他物的谓词。
>
> 所以,我作为思维着的存在者(灵魂),就是实体。(A348)

而在小前提中,他写道:

> 我们远远不能把这些属性单从一个实体的纯粹范畴中推出来,勿宁说,我们不得不把一个从经验中给出的对象的持存性作为基础……但现在,我们在上述命题中并没有把任何经验作为基础,而只是从一切思维与它们所依存的、作为共同主词的那个我的关系的概念中进行了推论……因为这个我虽然在一切思想中,但却没有任何将之与其他直观对象区别开来的直观与这个表象相联结。所以我们虽然可以知觉到这个表象总是一再地伴随着一切思维而出现,但却不能知觉到一个固定不变的直观,在其中各种思想(以变化的方式)交替着……先验心理学……把思维的那个持久不变的逻辑主词冒充为对依存性的实在主体的知识,而我们对这个主体没有、也不可能有丝毫知识,因为这种意识是惟一使一切表象成为思想的东西,因而在其中,即在先验主体中,必然会遇到我们的一切知觉,而除了我的这种逻辑涵义外,我们对于这个自在的主体本身,对于这个作为基底而为我、以及为一切思想提供根据的东西,并没有任何所知。(A350)

正如克切指出的，康德的前辈们确实也认可所有的思想都归属于统觉的统一或者自我意识的统一这一点。但他们真正的错误在于他们假设自我是一个经验性的表象。然而，康德一再强调在先验辩证论中自我并不是直观，因此也不是经验性的表象。他写道："因为这个我虽然在一切思想中，但却没有任何将之与其他直观对象区别开来的直观与这个表象相联结。"（A350）换句话说，尽管"我"在所有的表象当中，事实上并没有直观与"我"相关联或相联系。

克切认为康德事实上在 L1[①] 中给出了一个类似于在 A 版先验辩证论中有关单纯性的论证。这个论证的框架是这样的："如果一首诗歌的不同部分在不同主体那里被分开来，那么将没有什么主体能够包含整个表象（28.266，CMet79，A351-52）。"（克切 2011，第183页）罗伯特·保罗·沃尔夫（1967）在其论文"主观演绎的重建"[②]当中也将此当作是统觉之必然统一的中心论证。通过将理性心理学家的论证作为人类理性的辩证论呈现，康德得以展现出其中的错误：

> 这样一种东西，它的活动永远不能被看作许多活动的东西的合作，它就是单纯的。
> 现在，灵魂，或者思维着的我，就是这样一个东西；[③]
> 所以就如此如此。（A351）

克切认为这里再次展现出该论证小前提有问题。她进一步引述道：

---

① 即"形而上学演讲笔记"。参见 Ameriks, Karl, and Steve Naragon, trans. and eds. (1997). *Immanuel Kant. Lectures on Metaphysics*. The Cambridge Edition of the Works of Immanuel Kant., P. Guyer and A. W. Wood, gen. eds. New York: Cambridge University Press。

② 参看 Robert Paul Wolff 在以下论文合集中的论文：*Kant: A Collection of Critical Essays*, edited by Robert Paul Wolff, Anchor Books, New York, 1967。

③ 也就是说，灵魂是一个东西其行动从不能被当作是很多行动的东西的同时发生。

这个证明的所谓 *nervus probandi* 在于这一命题：为了构成一个思想，在思维着的主体的绝对统一中必须包含有多个表象……

所以在这里，也正如在前一个谬误推理那里一样，"我思"这个统觉的形式原理仍然是理性心理学之所以敢于扩展自己的知识的全部理由，这个原理虽然的确不是经验，而是与每个经验相关联并先行于它的统觉形式，然而这一形式必须系于并且先于每一个经验，并且它必须被永远当作是与诸如此般的认知相关的，也就是，被当作仅仅是这种认知的主观条件……（A353）

在我看来，康德通过这段话来给出其自身关于我思究竟是什么的观点。康德认为我思也是理性心理学家的起始点，并且他在关于什么应该被作为探究知识之可能性的起源上与理性心理学家们并无异议。康德与其前辈的真正区分在于康德认为，我思是思想的一个纯形式而不是经验的一个片段。并且康德一再强调，在所谓"经验的"与"先验的"之间存在着关键性的区分，这其中的关键在于是"先验的"而非"经验的"东西才是与经验之可能性最为相关的。换句话说，先验我思不同于经验我思的地方在于后者是一个经由内感官确认的关于自我的经验性认识，而前者则明确指出，究竟是什么，在一种认识论的意义上，使得经验可能。

我的观点是，统觉并不是一个经验性的官能或者力量，也就是，统觉并不能类同诸如内感官这样的官能。内感官的运用需要有内容物，而这一内容物又来自于感性，否则并没有什么东西能够被反思。

克切认为简单性之谬误推理的问题实则与实体性之谬误推理的是一样的。真正令人困惑的地方，在克切看来，不是简单性本身，而是统一性。所有关于理性心理学的问题，都与如何理解统觉之统一的问题相关。克切不赞成像埃里森和霍普那样使用"诗歌论证"来解释统觉的统一性。正好相反，克切认为统觉的统一性更为具有本质基础性。克切认为的确有文本支持可以援引来证实她的诠释更为合理。

总结而言就是,理性心理学的错误在于将先验条件与经验之片段相混淆。

克切还对康德在形而上学演讲中和在《纯粹理性批判》中关于"非物质性"的论述作了一个对比。在形而上学演讲中,康德认为关于非物质性的论证依赖于关于"我"的表达或概念,但他本人并未就此作出进一步的阐述。同样的策略也适用于关于同一性的论证。康德说"我并未意识到作为数个实体的我自身",进而他直接转向这样的结论:"'我'表达了一种'单一性':我意识到作为单一主体的我自身。"(28.268,CMet 80)然而,康德并未就此进一步展开细节性的讨论。

正如克切所认为的那样,其实我们也可以将 A 版关于第三谬误推理的处理看作是与第一和第二类似的,因为它们都是在探讨思想之主体的统一性主题。这一点可以从文本中解读得到,即,一个"人格人"其实就是那个能在不同时刻意识到自己号数上同一性的。康德写道:"现在灵魂就是这样,等等。因此,它是一个'人格人'。"(A361)

然而这里的问题却在于,灵魂的人格性必须依赖于实体性的概念。康德继而解释为什么是如此:

> 然而,值得注意的是,灵魂的人格性及其预设,永恒性,且由此的灵魂之实体性如今必须首先被证明出来。因为如果我们能够预设后者,那么其他的就能从中推导出来,但还不确实是意识的连续性,而仍是一个持存主体之持续意识的可能性;而这对于人格性来说已然是足够的。① (A365)

换句话说,如果实体性的概念被证明了,那么人格性的概念就比较容易证明。理由是,如果实体性的概念被证明,那么这样的概念就能暗

---

① 这一段按照国内通行邓晓芒译本应该是如下:"但奇怪的是,灵魂的人格性及其条件,即灵魂的持存性、因而它的实体性,必须现在才首次得到证明,因为如果我们可以将它们预设下来的话,那么虽然从中还不会推论出在一个常驻的主体中意识的延续,但毕竟会推论出某种持续的意识的可能性,而这对于人格性来说就已经足够了。"(A365)

示出存在着一个绝对的主体，所有的判断都归属于这个主体，并且这进一步暗示出在一个持存主体之持续意识的可能性，并且正如康德所言，如此这般的可能性足以引出人格性的概念。

然而，前述的讨论却表明有关实体性的论证实际上失败了。康德也写道：

> 经由这个永恒性实际上并没有什么在我们经由同一性统觉推知的自身号数同一性之前被给出；相较而言，永恒性首先是从号数上的同一性被推出来的。（A365）[1]

这也就是说，实际上并没有任何有关永恒性的概念给予我们，并且，从另一方面来说，我们能够从"同一的统觉"[2]中得出自身号数上的同一性。因此并不是永恒性蕴含或引出了同一性，而是反过来，同一性蕴含永恒性。

从另一方面来说，克切认为应该被理性心理学家采取的证明顺序是：永恒性——实体性——号数上的同一性——人格性。她尤为指出"这将会是从经验，即带出或蕴含永恒性的经验，经由一个有关本体范畴的分析，得出有关经验性本体性和人格性的结论，即人的无休止存在的结论。"（克切2011，第185页）

这其实是克切在重复她在先前的段落里提到过的观点，即，对于人类而言，永恒性的概念不能被从实体性的概念里引出。进而，克切也认为她这样的观点可以在实践中达到，也就是说，我们经由对于先天范畴的分析而达至的对于经验的理解展现出我们确实拥有"同一性的统觉[3]"，并且这进一步展现出永恒性的概念。当有了永恒性概念之

---

[1] 该段邓晓芒译文如下："但这种持存性在我们由同一性统觉中推论出我们自己的号数上的同一性来之前，是不能凭借任何东西被给予我们的，而是从这种号数上的同一性中才首次推论出来的。"（A365）

[2] 我将这一问题理解为是在说，关于有一个和那同一个统觉在一个人所有的经验中的意识。

[3] 即那一个和那同一个统觉。

后,实体性和人格性概念就能被引出来,尽管需要注意的是,所有这些都是经验性的而不是先验性的。[1]

很不幸的是,理性心理学家并不采取这样的逻辑。当然克切本人关于此也有一个正面立论的观点。正如克切所认为的,所有这些概念都必须从统觉的统一出发推知,这也就是说统觉的统一是正面立论必须要去建立的观点。谬误推理的起始点本来应该是统觉的统一,或者是对于统觉之统一的识别。理性心理学家的错误在于:当他们将实质意义上的永恒性和同一性从统觉里面推出来的时候,他们已经走错了方向。

克切同时也认为,第三谬误推理的新奇之处在于,除了其错误可以被追溯到理解统觉的先验统一上的失败之外,它也引入了一个能够被归于洛克的主题。克切恰恰认为,这里的问题源于莱布尼兹和洛克之间的差异。莱布尼兹认为一个人关于那些自我同一问题的答案必须是统一的,诸如自我同一是如何达成的,以及什么才是真正能够使得如此这般的自我同一成为可能的形而上学现实性。正如克切所认为的那样,洛克则从另一方面试图将道德同一性与精神连续性相关联,但他并不将其与实体性质的同一性相关联,也就是说,不与形而上学同一性相关联。

在第三谬误推理中,康德拒绝了洛克和莱布尼兹关于同一性的观点。尤其是,"他拒斥了从精神同一性到实体同一性以至个人同一性的推理。"[2](克切 2011,第 185 页)

在 CPR 中,康德说道:

> 因此我在不同时间的意识的同一性仅仅是我思想及其连贯性的形式性条件,但这完全不能证明我自身作为主体的号数上的同一性。在这一主体当中——无论第一人称我的逻辑同一

---

[1] "超验"意味着超越经验的东西,即超越我们所能够知晓或判断的。

[2] 这意味着,一个人从精神同一性到实体同一性或甚至个人同一性的推理站不住脚。但这不是否认精神同一性的存在。

性——可能最终会发生此般的变化因为这些并不允许我们保留其同一性……因为在主体的不同状态中，即使是在其皈依的状态，我将始终将这保存为前行主体的思想，并且因而将把它传递给下一个。（A363）①

换句话说，统觉的同一性并不足以能够引出道德同一性，也就是，道德行动者或道德人的同一性。否则的话，其皈依对于人类而言就不可能了。在其《单纯理性限度内的宗教》当中，康德的表述似乎透露出其认为不管一个人是如何的自利，其皈依总归是可能的。这也表明在某种意义上道德同一性并不必然要与统觉的同一性连贯。并且如果一个人能够转变他的心并且变成一个新的道德行动者，那么他也就有可能变成一个新的"人"，也就是说，拥有了新的人格性。因此当我们说统觉的同一性并不蕴含个人同一性的时候也是合情合理的。

克切同时提到在《单纯理性限度内的宗教》中，康德本人不赞成经典洛克式关于个人同一性的表述及其与赏与罚相关联的解读法。康德认为如果要惩罚一个已然经历过皈依的人是有违神圣正义的。

> 然而，在经过皈依之后，既然他已经过上了一种新生活并且变成了一个"新人"，惩罚本身对于其新品质来说不能被认为是合宜的（所谓新品质指的是变成一个对于上帝而言足够好的人）。（6.73，CRel 113）

> 神圣正义的要求是很被看重的，因为皈依本身可以被理解为是一种惩罚——也就是说旧的人格的死亡。（6.74，CRel 114）

---

① 该段邓译本如下："所以，在不同时间内对我自己的意识的同一性只是我的各种思想及其关联的一个形式条件，但它根本不证明我的主体的号数上的同一性，在这个主体中，尽量有'我'的逻辑上的同一性，却仍然可能发生了这样一种变更，这种变更不允许保持这个主体的同一性；虽然还是允许这个主体分有那个字面上相同的'我'，这个'我'在任何其他情况下，甚至在主体都变了的情况下，都仍然还可以保有前一个主体的各种思想，这样也就能够把这些思想传给后一个主体。"（A363）

因此对于康德而言,皈依意味着旧的人格在某种意义上"死了",并且他也认为这一死亡本身对于旧的人格而言是一种惩罚。然而,康德也同时注意到这样的改变是精神性的而不是物理性的。

> 物理性的(在其经验性的性格中将其作为感性生物来考虑),他始终是那个应当接受惩罚的人,他也必须被如此这般地在道德的正义裁判庭前被审判,当然也因此被自己审判。(6.74, CRel 114)

从纯粹文字的意义上解读,以上这段引文中,康德认为一个人并不能改变其作为物理存在物的本质,即使这个人经历了精神性的皈依并因此已经在精神上完全转变成为了另一个人。并且似乎也应该有一个审判庭能够以不同于之前他所提到的方式来运作。正义的道德审判庭可以是一个人审判其自身的场所。那么问题便是,究竟如何,或者以怎样的形式,这个人能够审判自身呢?康德认为人们只能在这种情况下作出判断——

> (根据我们关于自身的经验性认知)至今为止我们获知自身(不直接评估我们的倾向而仅仅是根据我们的所作所为来评估)从而我们之中的责难者将更为可能作出一个有罪的审判结果。(6.75 - 76,CRel115 - 16)

换句话说,自我审判或自我判断只有经由我们关于自身的经验认知才是可能的。此般的自我认知并不能直接展现出一个人的一般倾向,但有可能能够经由关于一个人曾经做过什么的认知而非直接地达到。

也许在这一点上很多人会同意克切的看法,即认为康德并未持具有一贯性的观点,既然从另外一方面来说,康德认为一旦一个人皈依了,他就能成为一个新的人,并且其旧的人格"死了"本身就已经是一种惩罚,但是从另一方面来看,即从以上的引文来看,康德似乎认为即使新的人格替代了旧的人格,那个人还是要去面对从有罪判定本身继发而来的惩罚,因为物体身体并没有被改变。克切写道:"如果'人格'是一个与惩罚和奖赏相关联的道德术语,那么就产生了不连贯性。"(克切 2011,第 186 页)换句话说,如果把这里的"人格"理解为道德意义上的,那么就难以协调在皈依是可能的且除非旧的人死了否则就无需多余惩罚这一观点与即使经历完全皈依之后仍需接受惩罚这一观点。然而在我看来,这恐怕不是康德想要表达的观点。

为了进一步澄清康德关于这一点的想法,克切将康德的观点与其前辈观点相比较。克切认为康德有关皈依的立场暗示出他必须同时拒斥莱布尼兹和洛克关于个人同一性的表述。康德想要的是当人格转变时其记忆仍留存。克切说道,"莱布尼兹的立场错了,但不是错在对于皈依这一事件的错误判决,而是在于索性将其全部排除了。"(克切 2011,第 186 页)也就是说,莱布尼兹在一种相当本质性的意义上与康德不同,莱布尼兹拒斥实体性同一性转变的可能性。根据莱布尼兹在"单子论"(第 22 节)中谈到的,实体在其初始时就包含有其未来发展所需的全部信息。采取此种观念大概很难让人再相信皈依的可能性,因为既然事物的次序早已在刚开始时就被确定了。因而,克切写道:"既然康德要为皈依留下空间,他就不得不把实体性同一性排除掉,不仅如此,他还得一并排除记忆连贯性和认知主体与逻辑之'我'——这些对于人格的相同性是充分条件。"[①](克切 2011,第 186 页)

然而,克切同时也坚持,如果将第三谬误推理看作是拒斥精神连贯性之于个人同一性的充分性,那么结论很可能不当。

> 然而,正如我们可以保留实体性的概念和简单性的概念一样,我们也能保留人格性的概念(只要它与主体的统一性相

---

① 这也就是说,关于这个人的相同性的证明需要依赖于记忆的连续性以及相同性的认知主体。

关……在其决定物之中有着贯穿统觉的深入关联）。并且在这个层面上人格性的概念确实对于实践需要而言是被需要的和充分的。（A365—66）

从这一段文字中我们看到，康德认为尽管人格性的概念对于理论使用来说并不充分，但无论如何对于实践使用来说它是充分的。康德似乎也将"人格性概念"与"主体的统一"相等同了。并且如果这一诠释公正的话，克切的想法倒是很切中要害，她认为整个谬误推理都与范畴的先验演绎一样围绕着统觉的统一而展开，并因此而在本质上是一个认识论的观点而非形而上学的。正如克切进一步指出的，实践使用的那个论点也符合康德在《单纯理性限度内的宗教》中的观点，这是因为在两个文本中，统觉的主体在人类实践扮演了核心的角色。因此，也许不能说同一性的统觉对于任何其他理论性使用的实体性同一性并不算得充分条件，但也许可以说同一性的统觉对于人格性概念的实践使用来说是充分和必然的。克切认为康德的观点似乎暗示我们对于人类心灵并没有任何的知识或获得知识的方式，如果这是真的话，克切说道，那么"人类正义缺少方法去追踪真理，并且在这种意义上，完全是任意的"（克切2011，第187页）。

总结而言，在康德形而上学演讲和A版谬误推理之间作出的对比展现了，前者集中探讨"第一人称我"的概念或表现，而后者则强调理性心理学家之所以犯错是因为他们把注意力投错了方向，没有注意统觉的统一性，或者是第一人称我表象的意识统一性。在克切看来，理性心理学家的项目，在于"从经验表象出发，经由本体的知性范畴论证到其对象的本质"（克切2011，第187页）。然而，由于基本的事实是理性心理学家从经验性表象出发，他们能够得到的仅仅是认识论层面的或是先验的。第一人称我之表象①终究是经验性的，它也不能蕴含认知主体的存在。更甚，第三谬误推理同时提供了一个关于同一性的

---

① 不是我思表象，我思表象是先验性的。

告诫。洛克式观点认为道德同一性与统觉性意识的统一必然联系，与其作为对比的是，康德认为统觉性意识的统一并不一定要蕴含道德同一性。① 然而，康德给出了一个提示，借以提示如何理解在道德实践中统觉性意识的统一如何扮演其角色，也就是说，如何作为道德实践的充分②和必要条件。

在克切看来，康德本人意识到似乎他在形而上学演讲中（L1）给出的关于理性心理学的论述是有问题的，克切认为在《纯粹理性批判》当中，康德意识到没有什么东西是确定的，除非基本范畴证明了主体意识的统一性，并且这样的主体又必须拥有精神状态且必须与身体非常不同以至于能够将其称作"灵魂"。因此在 L1 之中的论述就不充分，因为它仅仅强调了"我"作为所有判断的主体而并未讨论在什么意义上"我"是一个绝对主体。概括而言，克切认为康德在形而上学演讲中提供的是负面的，而他在《纯粹理性批判》中提供的要比其在形而上学演讲中提供的更为系统化。

2.1.2.3　统觉有一个特殊的"称号"吗？

为了表明康德只有关于"我思"有一个积极的主张，克切提及其实她本人意图"精确地指出一个关于其新理论的关键层面，这个关键层面提供了应对批评的诸多基础"（克切 2011，第 187 页）。也就是说，她试图从细节上解释康德所提出的关于"灵魂"的积极表述如何替代理性心理学家的理论。克切认为在这一点上，康德所给出的最精彩的表述在其 Duisburg Nachlass（"杂篇"）里面。

在克切的诠释视角下，当 Nachlass 中的统觉理论被引入时，似乎统觉被认为有三个不同的组分或"称号"：第一个是与主体的关系，第二个是彼此承继的关系，最后一个是组合关系。盖耶（1987）指出，当康德在 Nachlass 中使用所谓知性的"称号"时，他意指的是能够规范对

---

① 我理解当说"道德同一性"的时候，克切的意思是，在一种实践意义上的人格同一性而不是认知意义上的。

② 但是有人会质疑说统觉的统一对于道德实践而言是充分的。然而，这里克切并不试图表达单纯的统觉统一对于道德实践而言是充分的，而是统觉意识的统一性是可能的，当且仅当道德实践是可能的。

象概念和范畴性原则之原初形式的诸规则。① 换句话说,统觉的称号
就是关于认知主体的表象的支配诸规则。克切认为之所以第二个称
号在《纯粹理性批判》里没被重点谈论是因为这第二个称号主要是用
来描绘处于具有空间时间属性的认知者,并且既然《纯粹理性批判》的
主要任务是给出一个一般性的关于理性认知者的论述,除去其在 B 版
范畴的先验演绎后面部分直观的形式已然被引入之后,其他之处它并
不是很在意具有空间时间属性的认知者是否被着重论述。在克切解
读盖耶时,她认为当盖耶在这样一点上尤其有见地:盖耶认为在
Nachlass 的"称号"和《纯粹理性批判》的范畴中体验到的范型"将似乎
会在第一个称号的例子中被重复,即在与主体的关系那个称号中。"
(克切 2011,第 188 页)

　　克切认为这似乎可以被看作是出现在 A 版和 B 版《纯粹理性批
判》中关键论点的先驱。克切同时引用了来自 A 版和 B 版演绎的相
关文字:

　　　　所有各种经验性的意识都必须被联结在一个惟一的自我意
　　识中。(A117n)
　　　　直观的一切杂多,在它们被发现于其中的那同一个主体里,
　　与"我思"有一种必然的关系。(B132)

也就是说,克切认为这可以被看作是"第一人称我之规则"的先驱。②
然而,克切也同时看到,在谬误推理当中似乎能找到反对这一点的
证据:

　　　　现在我们来看看这样一个概念,它并未被列入上面的先验概

---

① 参见 Guyer, P. 1987. Kant and the Claims of Knowledge. New York: Cambridge
　University Press. 41ff.
② 对于克切而言,"第一人称我之规则"写道:"对于任何一个是表象的东西,它必须与其他
　一起从属于一个持存的自我。"(克切 2011,第 123 页)

念的一览表中,但却必须被算入该表之中……这就是这样一个概念、或如果愿意的话也可称为判断:我思。但很容易看出,这概念是所有一般概念的承载者,因而也是先验概念的承载者,所以它在这些总是伴随它的先验概念之间形成起来,因而本身同样是先验的;但它不能有任何特殊的称号,因为它只是用于把一切思维作为属于意识的东西来引述。(A341/B399 - 400)

在这段引述的文字中,康德明确表示统觉不能有任何特殊称号。克切认为康德拒斥统觉的称号是为了强调"第一人称我的规则"发挥作用的独一无二的方式。这里核心的观点是,仅当某种对象性规则能够适用于直观杂多从而知性联结了其他诸对象当中的某些表象进而形成了表象间必然关联的关系时,"第一人称我的规则"才可以应用。(克切2011,第188页)康德认为范畴性规则不可以被用于诸如"实体"、"原因"这一类概念上,并且它们仅仅能通过所谓图型法的规则来适用。但这对于"我思"而言并不适用,因为"我思"的应用并不需要图型法规则。然而,"我思"的应用需要对象规则的运用。换句话说,"我思"的使用与范畴性原则的使用是不可分离的。克切写道:"'我思'并不能凭借其个别的表象性内容经由其称号来应用,但是却能够骑附于其对象性规则上,关于诸思者的本性它并未透露任何信息。"(克切2011,第189页)这也就是说,"我思"表象是一个空的表象,经由这个空表象并没有什么关于第一人称我的内容能被揭示出来。"我思"表象所揭示的是那些同属于一个单一意识的众多表象之间的必要关联。进而,那个单一的意识也并不必然揭示出存在着一个叫做"灵魂"的实体。"我思"表象从未直接适用于众多表象,这是因为"我思"或统觉本身并没有任何称号能够使得在直观上的应用得以可能。

克切认为第一人称我之规则使用的独特方式能展现出谬误推理何以很可能会成功的原因。毕竟,哲学家通常倾向于认为,第一人称我作为所有众表象的伴随物,是无所不在的,并且是所有表象的永恒特性。相比之下,那些探究经验之可能性条件的哲学家却可能发现经验性认知的先天和后天诸条件。这样的探究应该能够给予哲学家这样的印象，即，尽管人类对于作为实体的"我"并没有什么直观，但无论如何他们拥有第一人称我之表象。克切总结道："仅当哲学家们能够考虑到经验性认知的必要条件时，他们才能站在一个合适的立场上看到表象之必然性和无所不在性的真正源泉所在。"（克切 2011，第 189 页）

将"我思"或统觉起作用看作是经由其称号的看法容易走向康德在谬误推理相关章节中批判的那类错误。克切认为，事实上"我思"不是经验性的，也并不拥有能够借以应用于众多表象之上的称号。换句话说，理性心理学家看待"我思"的模型仅仅错在他们将先验性的要素与经验性的要素混淆了。然而，克切认为第一谬误推理的小前提在某种意义上是可断定的，因为"我思"表象的确从未作为谓词出现过且总是作为所有判断的主词出现。但是如果要说第一谬误推理的小前提是可断定的话，需要将范围限制到这一断定的基础能够被澄清的地步才可以。如果将"我思"理解为先验的，那么可以断定的仅仅是"第一人称我"是所有判断的绝对主词。相反地，如果将"我思"看作是经验的而非先验的，就很容易自然而然地得出结论说"只要是在场的表象就是在经验性实体的称号下被应用于其上的"（克切 2011，第 189 页）。这也就是说，"实体是永恒的。"（引文同上）继而不朽性的命题能够从这里被推出来。

克切在总结中认为同样的问题也出现在第二和第三谬误推理中。第二①和第三谬误推理②的小前提基础表达了类似的主题，即，先验统觉的统一。所有任何人只要他把先验当作经验的话即难免不落入类似的错误陷阱，正如在这两个谬误推理中我们所看到的那样。这两个谬误推理的小前提都是仅当其被理解为先验的时候才是可断定的。

2.1.2.4 "我思"分析性地包含在思想的概念中

众所周知，康德认为关于任何对象的认知都需要两个要素，一是直观，二是概念。这也就是说，思考着的我并不足以产生我们关于对

---

① 也就是，灵魂是其行动从未被当作许多行动的东西共同发生的那个东西。

② 也就是，灵魂在不同的时间中都意识到其自身号数上的同一性。

象的认知，或也许我们也可以说，关于对象的认知在没有来自直观的输入情况下是不可能的。克切在其著作中也展现了康德从没有任何对象能够仅凭思考被认知这一点连续不间断地讨论到谬误推理中理性心理学家的问题。克切引用了康德原文如下：

> 因此，我甚至也不是通过我意识到我自己作为思维活动，来认识我自己的，而是当我意识到对我自己的直观是在思维机能方面被规定了的时，才认识我自己的。所以，在思维中自我意识的一切样态自身还不是有关客体的知性概念（范畴），而只是一些根本不把任何对象、因而也不把自我作为对象提供给思维来认识的机能。（B406-7，下划线强调由笔者所加）

这一段比较难读，但仔细还是看得出康德是在讨论在内感官中关于我的直观，即，康德是在讨论通过在内感官中我向我自身显现的方式来认识我。他拿来作对比的是，当经由"我思"表象时，我意识到的那个思考着的我：这样在思考活动中有关我自己的意识，如他所言，并不是真正的关于自我的"认知"。克切指出，康德在 B 版谬误推理中区分了不同方面的统觉。换句话说，"统觉"本身包含三个方面：一是持续的主体，二是单个主体，三是同一的主体。康德试图做的不是去论证没有内感官的这些统觉的模式不能成为经验性认知的必要条件，而是这些模式本身并不能产生任何将我们自身当作对象来看的知识。也就是说，"这些思想之主体的必要条件不应该与那些使得主体能够将其自身作为对象来认知的图型化的范畴性原则相混淆。"（克切 2011，第 190 页）

因此与在 A 版谬误推理中的相同主题也再次被强调，即这样一个观点：一旦知晓第一人称我之规则如何起作用，就能知晓"我思"表象仅仅产生关于对象的诸表象间必然关联。正如克切所见，"我思"是一个空表象①，或者也可以这么说，"我思"是判断的纯形式，一个先验条

---

① 然而，霍威尔（2006）认为我思表象不是空的，也不指涉一个我。

件,是认知的先天条件。

克切援引了来自 CPR 的篇章,这段文字能够更为简洁地表明康德本人的观点。

> 在所有的判断中,"我"总是构成判断的那种关系中的进行规定的主体。但说自我,这个"我思",在思维中永远必须被看作主词,看作不是像谓词那样只能视为依赖于思维的东西,这却是一个无可置疑的、甚至是同一性的命题;但它并不意味着"我"作为客体是一个自我持存着的存在者,或实体。后一种说法走得非常远,因而它还要求在思维中根本找不到的一些材料,或许(只要我把思维者只是看作思维者)要求比我在(思维者中)任何地方可能找到的东西更多。(B407)

在以上这段文字中,康德的观点可以被理解为具有好几个层次。第一个层次,第一人称我或自我作为认知性主体必须被当做主词而不是对象,我之表象也不能系于思维但却自身是思维的形式,也就是它使得思维得以可能而不是依赖于思维;其次,我从我思之表象中得到的关于我自身的结论并不能保证产生任何进一步有关于自我的形而上学。这里比较显而易见的是克切认为比较合适的解读似乎与康德想要表达的一致。

再来看克切的分析与解释。首先她再次澄清了康德在所有判断的主体与判断的主词或话题之间所作的区分。康德说的确实是,在所有由"我思"伴随的判断中,我是所有判断的主体即我是作出陈述或判断的人。但康德想要说的意思不只是这些。更为重要的是,第一人称我才是那个经由联结判断的主词与谓词作出判断的那个。在我看来,康德式的认知主体当其在联结诸表象时其实有这样一个意识,即意识到其所为,在某种程度上意识到这些表象是必然联结的并且同属于一个主体,也就是,同属于这个正在执行联结功能的主体。

克切认为对于"理性 - 经验性认知"(Rational-Empirical

Cognition)的分析展现出判断之主体的必要性,因此这时可以得到一个分析性命题"我是任何判断的决定主体"。但承认这个命题不等于要承认存有一个实体的、能够作为经验性实体持存的"我"。其理由是,任何实体必须满足"实体"本身的定义,尽管"我"之表象符合这样的定义,但它并不如普通对象那样以同样的方式带入范畴之下。普通对象可以说是满足定义要求,因为在直观中能找到永恒的东西。然而,实体之我却无法在直观中找得到,且"我思"表象,在康德看来,也只是判断的纯形式,或者是空表象。我们用来看待第一人称我的模型与我们看待普通对象的模型不是类似的。如果想要做出进一步有关实体之我的论断,那么就需要找到证据表明"我思"的指涉是一个能够基于自身而持存的存在物。

克切认为 B 版谬误推理也显示出"我思"被分析性地包含在理性思维的概念之中。她再次引用《纯粹理性批判》的段落来证明这一点:

> 统觉的我、因而在每次思维中的我是一个单数,它不能被分解为多数主体,因而标明了一个逻辑上单纯的主词:这一点已经包含在思维的概念之中了,所以这是一个分析命题;但这并不意味着能思的我是一个单纯的实体,那将会是一个综合命题。实体概念总是与直观相关的,这些直观在我这里只有作为感性的才有可能,因而完全处于知性以及思维的领域之外,知性思维在这里本来只是当我们说自我在思维中是单纯的时才涉及到的。如果某件事在别的情况下需要做如此多的准备,以便在直观所表明的东西中分辨出其中什么是实体,乃至于还分辨出这实体是否也是单纯的(如在物质的诸部分中),而在这里却会如此直接地从一切表象的最贫乏的表象中仿佛通过启示而向我提供出来,这甚至会令人惊讶。(B407—8)

要说思维着的我是一个简单的实体,实际上是在给出一个综合性的命题而非分析性的。康德反对第二谬误推理的理由类似于他反对第一谬误推理的理由,这是因为理性心理学家在第一以及第二谬误推理中犯的错误相同。一个共同主体①伴随所有的思维,这是一个分析性命题,但这并不能建立我作为实体的实体性。克切认为"我思"其实是"所有表象里面最贫瘠的",因为尽管它可以并且必须能够伴随所有判断,但它本身无法应用于"第一人称我"的直观之上,也不能被用于任何关于其自身的任何直观。(克切2011,第191页)简而言之,"我思"表象是一个不能产生任何关于第一人称我的直观的空表象。② 但是如果这样的话这个"我思"表象又在何种意义上起作用呢? 克切的回复是,"它能够基于那些使得关于对象的判断成为可能的内容之上应用于诸表象。"(引文同上)也就是说,"我思"表象经由其与对象之诸表象之间的关联而起作用,从而最终使得经验性判断成为可能。

第三谬误推理主要涉及的是实体性和永恒性,克切认为其对于统觉的先验统一的依赖在康德的文本中相当明显:

> 我意识到我自己在一切杂多中的同一性,这个命题是一个同样在概念自身中包含着的、因而也是分析性的命题;但这个我能在我的一切表象中意识到的主体同一性,并不涉及使主体被作为客体给出的那个主体直观,因而也不可能意味着那种人格同一性,它使我自己的实体的同一性的意识在一切状态变更中被理解为能思的存在者的同一性意识,在这方面,为了证明这种同一性,单是凭"我思"这个分析命题是办不到的,而是需要建立在给予直观之上的各种综合判断。(B408)

按照克切的理解,以上这段文字显示出康德从其在A版中的立场有所转移。这也许是因为康德本人意识到自身试图在A版中引入皈依的主题时实则做了过多的工作。在B版中,康德给出了一个更为简洁的版本:"有关第一人称我的同一性的意识,本身对于思维是必要的,但

---

① 或者霍威尔可能会倾向于说,一个实体的我。
② 但是它并不指涉一个实体的我,正如我在第一章中展示的。

它本身并不产生有关实体相同性的意识。"(克切 2011,第 191 页)根据康德在大前提中提供的来看,为了能够断定一个人能够意识到其同一性,主体必须能够意识到他正在将这些表象全部放到一起(B133—34)。然而,经由联结或综合诸表象而来的对于同一性的意识并不能因其自身而带来任何有关认知主体的直观。理性心理学家的错误在于他们假设同一性必须依赖于对于永恒或持存物的意识,在这个永恒或持存物当中所有的细微变化得以发生。

但我认为在这里仍需记住一个相当重要的区分,即分析性判断与综合性判断之间的区分,这已经被康德在《纯粹理性批判》的开始部分强调过了。正如克切所言,"我将我作为思维物的自身存在与其他东西的存在区分开来,因为其他东西是如此地不同于我"(克切 2011,第192 页)。进而,我自身在思考着的这样一个观念不同于我关于其他事物的观念这一点也不能揭示出,我,作为一个实实在在存在着的东西,能够与其他事物相分离。诸如此般的思想,如克切所见,与笛卡尔有关混淆形而上学意义的存在与认识论意义的可构想性的批评具有相似性。

B 版的谬误推理,所作的工作不仅仅是换个方式表述 A 版谬误推理中展现的问题。取而代之的是,B 版给出了一个有关理性心理学错误的系统性表述。

> 在大前提中所谈到的存在者是可以一般地在任何意图上、因而也在它有可能于直观中被给出的这种意图上来思考的。但在小前提中所谈到的存在者却只是把自己当作相当于思维和意识统一性的主词来考察的,而不是同时又当作在(使它作为思维的客体被给出的)直观的关系中的主体来考察的。所以这一结论是"通过修辞格的诡辩"、因而是通过某种错误的推论而得出来的。(B411)

正如克切所言,如果单独看以上这段文字,实际上比较难看得出何以理性心理学家的论证是无效的。而这仅仅是因为,大前提的范围适用于可以被直观到的以及不能被直观到的,但是小前提涉及的是那些不能在直观中被给出的东西。如果结论本身无关于那些在直观中被给出的对象,那么就没有什么无效性在这其中了。克切建议我们看另外一段澄清性的文字:

> "思维"在这两个前提中是在完全不同的含义上来理解的:在大前提中是如同它针对一般客体那样(因而是像该客体可以在直观中被给出的那样);但在小前提中则只是像它处在与自我意识的关系中那样,因而在这里根本没有什么客体被思考,而只是表象了与自我、与主词(作为思维的形式)的关系。前者所涉及的是只能作为主体来思考的物;但后者所谈的并不是物,而只是思维(因为我们已经抽掉了一切客体),在其中这个"我"永远被用作意识的主词;因此在结论中并不能推出:"我只能作为主体而实存",而只能推出:"我在对我的实存的思维中只能把我用作判断的主词",而这是一个同一性命题,它对我的存有的方式丝毫也没有揭示出什么。——康德(B411—12n)

康德也明确表示他是在两个意义上使用"思维"这个词。在大前提中"思维"指的是对象的思维,但在小前提里面"思维"仅仅指的是自我意识。也就是说,在大前提里,康德想要表达的是,我只能以作为主体的方式被思维,但在小前提里,"思维"指的是自我意识的表象。需要注意的是康德认为自我意识中的主体是"思维的形式",也就是说,这里的主体被当作思维的形式而不给予判断本身任何的内容。作为思维的纯形式,第一人称我之表象关于我的属性并没提供任何有用的信息,也没有提及我之(实体性)存在。克切关于此很可能会说,"当我在思考我的存在时,我只能把我自己当作这个判断的主词",这其实是个分析性命题。康德本人将这个称作"同一性命题"因为它对于我之存在并没有给出任何承诺。我认为克切在这里将康德的观点解读为认识论意义上而非本体论意义上的,是比较准确的。

克切的解释如下。她认为大前提适用于所有的对象,而小前提仅仅适用于统觉之我。这一点让克切回想起在 A 版谬误推理里面所看到的主题,即,当使用"我思"时,指涉自我的方式与指涉普通对象的方式不是一致的。进而,克切写道"'我思'的使用是被思维的必要条件所统治的"(克切 2011,第 192 页)。克切并不进一步解释这句话的含义。在我看来,克切的意思是,"我思"表象作为经验性认知可能性的先验条件,不可能经由统觉的模型来看待,而这是因为其先验而非经验的特性决定的。进而,克切也认为关于对象的认知对于自我同一性意识的可能性而言是个必要条件。然而,克切提及"抽象"的重要性,但这一点缺乏进一步的澄清。她写道:"抽象是必要的……因此任何指向一个人将其作为主体的论断必须包括对象认知,或者从对象或认知的诸对象中所作的抽象。"(克切 2011,第 193 页)

如果试图解释这些论断的话可能会是这样。克切使用"抽象"一词时可能用法与当代常用法有些类似但不完全相同。在当代普通用法中,抽象是被用来指涉将具体内容剥去的做法。比方说,从"红色地毯"、"红色书封"和"红色鞋子"中抽象的结果是得到"红"的观念而无需有任何有关特定的、个别的红色东西的印象。换句话说,"抽象"一词仅仅用来指涉考虑关于对象的思维之结构的某种行为,这也就包含了将思维的内容剥去以便获得判断之形式的行为。

克切总结了康德拒斥理性心理学家观点的各种理由。对于理性心理学家来说一般的问题在于,他们无法领会到先验观念论。无法领会到先验观念论"使得他们不正确地从一个声称的关于灵魂的经验性意识,经由纯粹智性的关于思维中的'我'的必要性的考虑,再得出结论说认知的经验性主体将会是简单的,同一的实体,而并不是不死的"(克切 2011,第 193 页)。这也将会被从先验理念论的角度出发来借以解释。所有支持先验观念论的人将会看到,没有任何经验证据能够显示灵魂是实体性的或是单纯的。其理由在于,那些不接受先验观念论的人们并不能看到这一点,即时间是直观的纯形式,既然不可能拥有一个具有时间空间属性的实体之表象，那么说灵魂是实体性的或单纯的，便站不住脚了。[①]

理性心理学家犯的另外一个错误，正如克切所见，是他们错误地理解了"我思"表象。他们错误理解"我思"的方式在于，首先，他们没有把"我思"当作是经验性认知之可能性的必要条件，也就是，他们并没有把命题看作是先验的。相反，他们将先验命题看作是本体性的；其次，他们没能充分重视时间是直观的纯形式这一点，更甚，他们相信纯粹的知性判断能够达至时间，或者更精确地说，达至无尽的时间，即不朽性。

克切建议用另外一个方式来看待理性心理学家的错误。理性心理学家不认为所有的认知都需要直观，因为他们认为关于灵魂的知识就可以不依赖于直观，并且这也是为什么他们不认为休谟问题是个真正的问题，也就是说，他们认为不需要回答诸如为什么我们缺少关于"我"的表象。相比而言，如果理性心理学家确实意识到他们有义务回答休谟问题，那么他们也许能够发现事实上他们自己也没有顺着自己设定好的路子。换句话说，理性心理学家认为进路是"经由基本的本体论范畴来发现经验性心理学中的第一人称我开始论证至其指涉物的特征"（克切2011，第193页）。然而，正如康德认为的那样，事实却是他们从经验性心理学并不能得出第一人称"我"，因为他们并不拥有关于第一人称"我"的任何直观。他们所能做的以及他们实际上在做的都是"从思维的先验诸条件，论证至所谓'经验性'表象之对象的本质"（克切2011，第193页）。事实是，并没有什么"灵魂"的经验性表象，并且只有关于经验性任何的先验诸条件的考虑。诸如此版的先验诸条件并不能展现关于"灵魂"存在的任何信息。他们想要的只是一个经验性心理学的综合性论断，但是经由他们所为所得出的仅仅是一

[①] 霍威尔关于这一部分的评论是这么写的："但是，事实上，我认为在谬误推理里面的批评独立于观念论。因此康德正确地指出，对于'我'的使用并不将任何属性归于指涉物，即我。然后他注意到那一事实不意味着（与理性心理学家相反）我是一个简单的实体。那的确是一个极为出色的关于理性心理学的批判，且它完全独立于康德的观念论。"

个分析性论断。总而言之,克切认为理性心理学家失败了,基于两点原因。首先是,他们难以看到时间作为直观的纯形式或先天形式;第二是他们没能够看到第一人称"我"或"我思"之表象的先验特征。

2.1.2.5 被指涉的"我"与不存在第一人称"我"之间的兼容性

在前述的段落中,我已经着重谈了克切论证的观点是康德在谬误推理中的观点应该被置于范畴的先验演绎之语境或框架中来解读。更细一点说,克切的观点是康德的论断应当被解读为是在论证认知的先验条件而不是去承诺认知主体的存在。然而,在这一节当中,我简要展示克切实则转向了考虑另外一个可能性,即,康德可能确实要传达"我思"表象指涉一个存在的主体的意思。

A 版谬误推理始于考虑笛卡尔的 cogito,但实际上也并没有回到任何有关 cogito 的论证。相比之下,B 版谬误推理和 B 版演绎处理"我思"概念以及其与笛卡尔"我思"的关联。关于笛卡尔式的"我思"论证,康德与其前辈哲学家们大致持有类似的看法。从 cogito 到"我思"的推理是分析性的,因此论证本身并不需要更为中介性的命题。在谬误推理章节的开始处,康德写道他仅仅将"我思"当作是假设性的(problematical),也就是,他并不将 cogito 看作是与存在着的主体的任何统觉相关联的,而仅仅将其看作是一个可被应用的功能(A347/B405)。当他持有这个观点之后,他将能够单独去考虑概念或表象而不用去承诺任何一个认知主体的存在。换句话说,仅当一个人能够将 cogito 仅当作表象时,他才能去思考思维的先验条件而不至于陷入承诺存在的难题之中。

然而,正如克切所言,"B 版演绎和 B 版谬误推理都显示出康德逐渐理解到他的'我思'不仅蕴含实际认知者的(持续的)存在,而是蕴含任何认知者本身的持续性存在的可能性。"(克切 2011,第 194 页)克切提出的建议是,康德的论断不能仅仅被理解为蕴含着作为"我思"表象主人的认知者的存在,而应该被读作一般性的意义上暗示所有认知者的存在。

第一个论断,其实作出得较为大胆,因为乍一看,它违反了克切先前的观点,即"我思"应当被看作是先验的而非形而上学的。第二个论断走得就更远了,因为它承诺"我思"可以蕴含所有认知主体的存在。

尽管康德似乎关于笛卡尔的 cogito, ergo sum 有着一个负面的看法,但后来他还是承认笛卡尔基本上是对的,也就是说,思维本身能确立认知主体的存在。但问题是,在什么意义上这一确立能站得住脚。

通常康德会论证说任何存在的论断需要直观而不是仅仅需要思维。然而,正如克切注意到的,在某些篇章,康德似乎将持续性的存在与单纯的思维链接起来。克切进一步引用了康德 B 版演绎中的片段,这其实是每次人们谈到康德自我意识这一问题时引用频率最高的一段文字:

> 在统觉的综合的本源统一中,我意识到我自己,既不是像我对自己所显现的那样,也不是像我自在地本身所是的那样,而只是"我在"。这个表象是一个思维,而不是一个直观。(B157)

这一段文字显示康德认为统觉的本源统一使得对于实体之我的指涉成为可能,这也是霍威尔认可的论点。[①] 然而,克切认为,这一段文字也显示出康德模糊了现象的和本体的之间的区别。[②] 我在这里先悬置我本人的判断。尽管看上去当坚持说经由统觉的本源性统一,我能够意识到我自己的存在,这一先验论断转而变成了一个形而上学论断,需要注意的是,可能有些方法能够用来将形而上学论断限制在一定的范围之内。比方说,当论及"我思"直接指涉第一人称"我"而不给予其任何内容时,声称这论点与统觉的先验统一不走向我们对于第一人称

---

① 我将在后面第四章更为详细地探讨这一点。

② 霍威尔反对这样的解读,并且他在其评论中讲到了这些:"康德并没有模糊现象与本体自我之间的这个区分。他的观点在于,我并没有意识到向我显现的我自己(比方说,像我现象学地所是的样子)。我也没有意识到作为在我自身中的那个我的我自己(本体性地说——我并没有把握那个作为在我自身中的我的任何属性)。但是我在这里拥有的存在('即我是')是本体性的存在。并没有什么模糊化处理在此处。这仅仅是那个老生常谈,即'我'直接地指涉了一个实体而没有因此将任何属性归于那个实体。"

我的实体性存在的承诺的这一观点相兼容。

克切进而讨论了从 B157 引文那里暗示出来的论点中的重要问题。她接着引用了康德的另外一个片段：

> "我思"这件事表达了我对我的存有进行规定的动作。所以存有由此就已经被给予了,但我应当如何规定它,即我应当如何把属于它的杂多设定在我之中,这种方式却还没有因此而被给予……我只能对自己表象那思维活动即规定活动的自发性,而我的存有却仍然只是在感性上、即作为一种现象的存有才可加以规定。不过,这种自发性却使得我将自己称之为理智。(B157—58n)

单独地看,克切认为以上的注释不仅没有回答什么种类的存在既不是现象的也不是本体的,并且还引入了一个十分令人困惑的"空"存有,关于这个"空"存有并没有什么确定种类是关于它的。①

然而,在我看来,也可以从另一个角度来解读这一段注释。以上的注释可以被看作是在建议:(1)"我思"表象直接指涉作为认知主体的"我";(2)"我思"表象仅仅挑选出认知主体而不提供任何其他的经验杂多(或者所谓对其的决定);(3)"我思"不能表象关于经验自我的任何,仅仅是思者的自发性罢了。

克切进而使用了大段的引文来展现康德本人在这一问题上提供的细节性阐释。我在这里重新引述一次以便于更好地展现我对于克切论述的评价以及道出我自己就这一问题的看法。

> "我思"正如已经说过的,是一个经验性的命题,并且自身包含有"我实存"这一命题……这一命题表达了某种不确定的经验

---

① 然而,在霍威尔给出的关于我本书草稿的建议中,他注意到被引入的确实是"本体性存在",并且他写道:"只不过没有进一步关于本体性存在的属性被细化出来。可参见康德的 CPR(B429):'在单纯思维时对我自己的意识中,我就是这个存在者本身,但关于这个存在者本身当然还没有任何东西凭这种意识就能被提供给我去思维。'"

性直观即某种知觉（因而它毕竟表明了，这个实存性命题已经是以感觉这种当然是属于感性的东西为基础的），但它先行于那个应当通过范畴在时间上规定知觉客体的经验，而实存在这里还不是什么范畴，因为范畴并不与一个不确定地被给予出来的客体相关，而只与一个我们对之有一个概念、并且想知道它是否也被置于这一概念之外的客体相关。一个不确定的知觉在这里只意味着某种被给予的实在的东西，确切地说，某种只是被给予一般思维的实在的东西，所以这种东西并不是作为现象，也不是作为自在的事物本身（本体），而是作为某种实际上实存的东西，它是在"我思"命题中被称作这种东西的。因为必须注意，当我把"我思"这个命题称之为一个经验性的命题时，我的意思并不是想说这个"我"在这一命题中是一个经验性的表象，毋宁说，这表象是纯粹智性的，因为它属于一般思维。只是若没有任何一个经验性的表象来充当思维的材料，这个"我思"的行动就毕竟不会发生，而这种经验性的东西只是纯粹智性能力的应用或运用的条件而已。（B422—23n）

如果一个人想要理解康德关于自我意识的洞见，那么我认为他必须去读以上这段非常重要的文字。我先来讨论下克切的阐释路数，然后再回过来道出我自己的看法。

克切认为以上这段文字必须在笛卡尔的 cogito 和康德的认知理论双重背景下被解读，或者如她所言，经由探讨经由此种理论 cogito 看上去是怎样的来看待。这一段注释当然未能否认康德本人的基本立场，也就是，认知本身需要先天范畴之于感性杂多的应用，这里感性杂多由感性提供。没有任何的思维仅凭自身不依赖感性就能够建构起认知。并且，思维或运用范畴的能力在没有感性的刺激下也只是处于潜伏状态而已。克切这里同时也提出了一个问题，即，如何在康德认知理论的背景下再来理解笛卡尔的第二沉思。

康德声称如果没有材料可以联结思维就是不可能的，基于这一点，当笛卡尔想象其外部世界甚至其自己的身体什么也不是的时候，他只能是在一种抽离了任意材料的方式下思考罢了。康德意识到理性心理学家的错误，也就是，理性心理学家并不能意识到当他们在谈论思维本身时，他们必须能够从任意对象的思维中抽离出来。那么错误究竟何在呢？克切写道，"错误在于假设这一运动包含了将主体作为对象来认知而不是抽离了具体的对象表象中的材料来考虑思考行为。"（克切 2011，第 195 页）换句话说，克切认为考虑被剥离了那些用来联结起来形成有关对象之表象的具体内容物的思维行动是可以得到辩护的，但一旦将主体当作对象来考虑就不对了。在我看来，这意味着将先验"我思"或先验统觉当作认知主体知性官能的纯粹自发性来理解的诠释极有可能是正确的。

进而，克切提到在前述引用 B422—23n 的段落中，我们需要看到"我思"是一个并不需要经由特殊类型的经验得到的先天表象。并且仅仅因为此，克切认为，当笛卡尔说我们通常所知的世界实际上是个无的时候，他说的倒是很合理，因为读者其实可以顺着康德的建议，将此看作是从以下这个论点推出来的，即，抽象不仅仅源自个别材料彼此之间的联结，而是源自所有过去个别感性材料。

但如果是这样的话，这里到底有什么值得费笔墨的呢？克切写道："在实验中有趣的是，人类能够从他们所知的世界中进行抽象，且<u>并不因此消减了其在统觉的行动意识中且经由其意识到的方式</u>。"（克切 2011，第 196 页，下划线强调由笔者作出）换句话说，统觉理论最精彩的部分在于认知主体能够意识到他的统觉促成统一性的方式，同时此般的认知主体也确实能够从世界中抽离出来，即，不仅从其统觉联结的个别材料中抽象，也从其过去的感性经验中抽象。

既然"我思"仅仅指涉一般性的认知形式（A346/B404），而不要求任何独特的认知或甚至是任何类型的认知，我思仅仅依靠自身表达了一种不确定的知觉。这样的认知者应该能够经由"空的"表象来考虑一些东西，也就是，他能够考虑根据特定的规则将众多表象联结起来，并且他能够意识到那一由他本人作出的有意识的联结。这样的话，克切认为，以此种方式，认知者能够假设他们是持续地存在的思者"其状态作为部分和整体的认知互相依赖，且彼此必然地联结"（克切 2011，第 196 页）①。并且，以这样的方式，认知者们能够将其自身思考为存在的但不需要将其自身思考为具有时间空间属性的，或任意类型的确定性思者。

克切接着提醒我们去思考，在康德提到统觉之综合统一的时候，人类意识到他们自身既不是如他们向着自己显现的样子，也不是其作为物自体的样子，而仅仅是意识到他们在这样一个事实。克切写道，当康德道出这些时，他并不是在建议存有一个奇怪类型的不同于现象性或本体性的存在。一般而言，克切论证的是，康德所建议的不是一个有关自我的形而上学论断，而是一个先验性的或是认识论意义上的关于认知是如何可能的这样一个观点。康德所坚称的是，"当脱离了任何个别的直观形式来考虑时——正如它可以是的那样——但当然不是从所有既定的知觉当中（这也不大可能），自我意识思维暗示其存在，尽管不是任何个别种类的存在。"（克切 2011，第 196 页）这是为了肯定一个观点，即，思维，当其被认知主体以一种抽离了直观的个别形式的方式被看待的时候，能够蕴含一种特殊种类的存在，这种存在是非时间非空间的。

然而我认为还是有必要细化这种特殊类型的存在是如何被自我意识的思维所蕴含的。我将处理这个问题看作是我这本书的主要任务，也就是探寻在何种意义上这一存在能够被在康德的《纯粹理性批判》框架下被理解，尤其是当面对众多对于统觉之统一理论的阐释时——比如霍威尔和卡斯特内尔达的阐释——如何被理解。②

作为总结，克切写道："并没有什么关于存有的不确定的形式，而仅仅有从确定形式中所作出的抽象。"（引文同上）这也就是说，从先验

① 虽然我个人对于克切这里所言的"作为部分和整体的认知互相依赖"并不是很理解。有待进一步解释。
② 尽管霍威尔更多地集中于康德诠释而卡斯特内尔达意图建立其自身关于自我意识的理论，霍威尔在当代直接指涉理论框架下处理了这个问题，卡斯特内尔达也确实讨论了康德统觉理论的关键性蕴含。

论断中推知关于存有的论点难以被正当化，但是从决定性形式中抽象出来并且在特定类型的非时间空间的存有上得到提示的倒是能够被正当化。①

如克切所言，"我思"行为本身并不能决定存有一个自我这一事实，但是能够决定自我究竟具有什么意义上的存有。克切阐释了她给出的理由，比方说，"行为本身将一个'持存'自我所需要的关系带入存在，但这一决定存有的行为本身不能决定存有的类型，恰恰是因为它被认为是发生在抽离了任意个别直观类型之后"（克切 2011，第 196 页）。换句话说，"我思"行为可以展现自我存有的原因是"我思"行为能够带入一个"持存"自我所需要的关系；而这一行为不能细化存有类型的原因在于行为本身被认为是抽离了个别直观类型的，直观的缺失决定了自我的存有不能被细化的事实。

进而，克切也认为谬误推理帮助使得在前述片段中的观点得以澄清，即，是否单独考虑思维是可能的。克切的回答是否定的，她认为一些不确定的知觉被要求来为思维提供更多的材料。

这里正好是理性主义者和康德的对比显示出来的地方。克切认为康德能够提供一个笛卡尔 cogito 的改良版本。笛卡尔认为纯粹的思维本身只能建立自我的存有，但康德认为这是个错误，只不过能够被修正罢了。

单单思维确实能够建立思者的存有，但是思维需要在某个地方发生，也就是，思维能够被从任意的个别直观中抽象出来，但是却不能独

---

① 从霍威尔的角度来看，这似乎不对。霍威尔在我的初稿中如此评论："这与康德在某些地方说的是矛盾的，比方说 CPR 的 B157 和 B429。在推出一个关于存在的论断时，你的观点也许可以被正当化，但是你从那里得不出任何关于拥有任何确定属性的我的对象的知识。康德在这里的确面临困难，因为他试图坚持思维的主体存在——否则的话他就有了向我们显现的诸对象，但是'我们'本身不能被认为是存在的——但是他又不能给我们保证我们现在能够确定地知晓的那种类型的存在，即现象学意义上的存在。事实上他承认我们拥有本体性的存在，但不是以一种我们能够知晓关于其的知识的方式。在 B157 和 B429 这里，他回应了皮斯托瑞斯（Pistorious）的批评，这是一个 1790 年代的批评家，他认为对于康德而言，我们面临着不向着任何东西显现的表象——即不向着真的实体——并且我们面对着一种极端的观念论，在此种观念论中，甚至那些表象都不能真的存在，因为没有任何真的东西使得它们能够向之显现。"

立于任意的知觉。思维如果要发生的话必须要有知觉,因此思者关于其思维的意识以及他关于其持续存有的意识可以依附于其有意识的综合行为。这里需要注意的是,认知的分析仅仅暗示出这样一个结论,即一个人可以将他自己作为思者来看待而不依赖于任何个别的直观形式。在克切看来,康德将笛卡尔的第二沉思看作是提供了一个想象性的练习,借以演练人类如何将其自身思考为持续的存有,如何将自身思考为非时间的、自发性的思者。这一点非常重要,因为他帮助形成了第二批判(即《实践理性批判》)中的不朽性概念。

2.1.2.6　论为何思者不能如此这般地认识其自身?

众所周知,康德认为思者不能知晓其自身作为实体的样子,作为单纯的或持存的人的样子。但克切认为这可以被解读为在暗示思者不能知晓其作为思者本身的本性。

克切建议去弄清楚康德到底在否认什么观点。她引用了一段来自《纯粹理性批判》的话:

> 既然为了认识我们自己,除了把每一个可能直观的杂多都纳入到统觉的统一中来的那个思维行动之外,还要求有这杂多借以被给予的某种确定的直观方式,所以,虽然我自己的存有并不是现象(更不只是幻相),但我的存有的这一规定却只有适应于内感官的形式、按照我所联结的那个杂多在内直观中被给予的特殊方式才能发生,因而,据此我关于自己并不拥有我如何在的知识,而只拥有我如何对我自己显现的知识。(B158)

在这一段中,康德持有以下几个观点。(1)关于我们自身的认知既需要思维的行动将每一个可能的直观呈递给统觉的统一,也需要一个确定的直观类型从而杂多能够凭借其被给予;(2)任意思者的存有不仅仅是表象,而是为了决定其是何种类型的存有,如此的决定不得不与内感官的形式相符合,诸如此般的决定本身也要与在内感官中被给予的杂多的联结的个别方式相一致;(3)一般而言,我并不拥有关于我是谁的认知而仅仅是我如何向我显现的认知。

按照克切的解读以及以上第(3)点暗示的,仅有我如何向我显现的认知这一观点可能会导向一种印象,即康德认为人类完全不知道自身。然而,这并不是一个公允的诠释。克切写道,这并不是康德所持有的观点,因为康德至少明确地宣称人类具有精神状态并且具有多样的身体性和精神性能力。

克切建议的另外一点值得我们注意的是,在先验统觉和经验性统觉之间所作出的区分。忽略先验统觉的知识也许是可能的,但是要说经验性统觉对于认知者而言是不可知的就比较奇怪了。人类知晓他们是存有着的主体,具有特定的精神状态和能力。任何康德的读者都需要知晓,经验认知包含了先天形式的应用,这些先天形式包含"我思"表象和那些既包含了先天也包含了后天要素的个别表象内容。人类就是能够知晓其经验性统觉,恰如他们能够知晓外部世界一样。从另一方面来看,人类不能知晓他们作为自发的思者其自在的样子①是怎样的。

克切认为康德实际上看到了真正妨碍其所支持的认知理论的问题所在,也就是,认知者仅仅在向其显现的意义上知晓其自身,也就是作为内感官和外感官的对象。这一教条,粗略看来似乎能够从康德在谬误推理章节中对于理性心理学家的批评中引出来,但正如克切所言,这不是康德本人的立场。

克切写道,谬误推理篇章的常见导论展现了一个有关任意知识预设主体的不怎么令人印象深刻的论证,并且在第二版的一般性讨论里面,这样的论证又被重复了(A346/B404)。读者也许会问,为什么这一论断拒斥思者不能同时是主体和对象的可能性呢?克切建议把问题重新换个方式问,也是就是,为什么认知主体本身不能是一个认知对象。②

---

① 这里必须作出强调。

② 这展现了当问这样的问题时,一个人不需要拒斥这样的可能性,即认知主体可能,在某些情境中,是一个对象。在"本身"上的强调展现了克切关心的是,认知主体,在一种本质性的意义上,究竟是个主体还是个对象。

在克切看来,康德的程序有些问题。但她仍然相信康德之所以与理性心理学家不同是因为他把问题转向了另外一个较为有前途的方向。康德本人十分欣赏由笛卡尔本人发明的想象性试验,但他不同意笛卡尔从这个试验推论出的结论。康德坚持认为,如果一个人从其个别性的存在方式中抽象出来并且仅仅沉思于其思维活动(当然不确定的知觉还是需要的,克切可能会补充这一点),那么能学到的唯一一点就是一个空的"我思"表象,这指向或指涉一个存在的思者。

在康德和理性心理学家之家的区别不仅仅是这样一个事实,即,"我思"表象指向一个存在的思者,却是当理性心理学家认为他们可以赋予这个存在的思者以实体性、单纯性等属性,而康德却认为任何一个谓词或属性都不能被赋予这个认知主体。

即使理性心理学家在将这些谓词赋予思维主体时不能被正当化,克切问道,"为什么康德坚持说要知晓一个事物能够作为思维之行为的主体必须得是怎样的是不可能的呢?"(克切 2011,第 198 页)克切认为我们能够转向先验理念去寻找这个答案。克切写道:"在那里康德观察到一个事物可能性的标准是完全的决定。"(引文同上)。换句话说,任何对象需要被一对矛盾谓词的成员之一所描述。这并不是说人类关于对象拥有确定的知识,只是说,为了能够宣称一个对象是可能的,必须至少能够知晓诸如此般的对象能够在某种意义上被决定,也就是,能够拥有某种确定的价值。

克切同时也解读了 B 版演绎中的规定和可被规定的概念。在以下引用的文字中,康德揭示了为何只有认知者的经验性状态才能被知晓,而不是决定的主体:

> 〔为了规定我存在的方式〕需要的是把一个先天给予的形式即时间作为基础的自身直观,这时间是感性的,并且属于可被规定者的接受性的。如果我现在不再具有别的自身直观来把我里面的规定者——我只意识到它的自发性——提交于规定动作里面,如同时间把可被规定者提交出来一样,那么我就不能把我的

存有作为一个自动的存在者来规定，相反，我只能对自己表象那
思维活动及规定活动的自发性，而我的存有却仍然只是在感性
上、即作为一种现象的存有才可加以规定。（B157—58n）

这一段文字显示出对于我们作为表象或具有时间空间特性的认知者
之认知可能性的原因，也就是，时间作为直观形式提供了一种可规定
性，经由此种可规定性杂多状态可以被赋予规定的值。相比之下，关
于将我的存在规定为自我积极的存在物，似乎确实没有什么可规定
的，除非我拥有一个额外的自身直观形式。

然而，康德同时也暗示有一种方式认知者能够用来知晓他们作为
自我积极的存在物，或者说，作为规定的存在物。但这仅仅在存有第
二种形式的自我直观情况下才可能，这第二种形式与时间相似，并且
其自身是一种被决定物可被决定或被赋值的向度。当康德反对此种
可能性时，我们可以认为他是在反对理性主义。谬误推理篇章是要去
展现所有由理性主义者提出的被决定物都失败了，诸如实体性和单纯
性。再者，由于理性主义者支持不死的灵魂，他们将会把空间当作一
个可被决定物，仅留下时间。正如我们可能会看到的，时间作为直观
形式对于自我认知是不起作用的，因为人知道其内在是什么样子。在
题为"我思是一个经验吗？"这一节中，克切也分析了我思作为理性思
维不能发生在一个特定的个别时间当中。

尽管对于理性心理学家持有批评意见，康德本人还是同意理性心
理学家说的物理主义的谓词对于描绘思者而言是不充分的这个观点。
这可能能够被以下的这个事实所解释，即，康德本人看不到究竟这些
必要的精神状态之间的关联如何在身体性的互动之中被具化。
（B419，Cf. 20.308，C1781 395）克切建议做这样一个解读，即能将康德
理解是在将理性主义者的任务诠释为设定一个关于我思的合理描述
的界限，而不是为了提供教条式的论断。换句话说，可以把理性主义
者看作是提供了一个借以反对物理主义危险的原则。然而，这并不意
味着理性主义者的积极理论站得住脚，因为康德也同时指出他们的本

体论对于描绘思者本身是不充分的。

因而克切也坚称,康德认为在自身中积极的思者未知这一点不应该被理解为一种教条式的论断,而应该被当作对于某些过于物理主义的、关于心灵的理论的挑战。换句话说,从一方面来看,康德利用了理性主义去批判物理主义切近心灵的进路,另一方面,他也批评了理性主义的非物理主义进路。

克切在其著作《康德之思者》的整个第 15 章来分析和评估在什么意义上康德关于可能认知的必要性条件的理论对于一些当代心灵理论构成了威胁,尤其是对那些有关意识和理性思维的。

克切提醒我们注意有一段文字可能展现了其与当代心灵理论的关联。在那一段中,康德声称概括思者之属性的能力在我们之中有一个来源:

> 但在最初看来必定显得好像很奇怪的是,我思一般得以成立的条件、因而这条件作为不过是我的主体的某种性状,同时又应当对于一切思维者都是有效的;而我们竟能够妄想在一个看起来是经验性的命题上建立起一个无可置疑的和普遍的判断,即是说,一切思维者都似乎具有像自我意识在陈述有关"我"的意见时那样的性状。但个中原因却在于:我们必然要先天地赋予诸物以构成我们惟一得以思维到它们的那些条件的一切属性。(B405/A347)

稍后我会再来通过构建一个康德式的自我意识模型来展示为什么康德的观点即使到了今天还是如同当代人一般具有激发他人思维的意义,在重建的自我意识模型中我认为所谓的恶性循环问题可以被回避,并且那些由当代分析哲学家提出的问题能被更好地理解。总结来看,后面我将试图讨论"我思"的重要性以及其在当代自我意识问题上所能作出的启示。自我意识概念的细节不会展开,我也不会对其做系统性的建构。但我希望能够将康德本人持有的观点和能够从他观点中读出来的观点分开,这样就不会为了我个人的诠释目的而损伤了我们对于康德原有观点的理解。

2.2 斯坦的批驳和克切的可能回应

2.2.1 导论

在这一段中,我将为克切在其《康德之思者》中提出的核心论证就斯坦的批驳展开辩护。克切的核心观点是,理性-经验性认知(REcognition)和自我意识能够互相蕴含彼此。然而,正如斯坦(2012)指出的,为了能够达成这个目标,克切必须成功地为两个命题辩护:(1)先验统觉的统一蕴含理性-经验性认知;(2)理性-经验性认知蕴含先验统觉的统一。斯坦(2012)认为,尽管克切确实证明了第(2)点,但在第(1)点上却不大成功。我将会论证说(1)对于阐释康德的人而言可能是一个过强的论点。

2.2.2 斯坦的反对意见和克切的可能反驳

正如斯坦所总结的,尽管克切在康德诠释上算作广义上的斯特劳森学派,即,斯特劳森学派一般会认为康德的先验观念论能够与他的其他重要洞见诸如他在认知主体上的观点分离开来看待,克切否认康德为理念论的形而上学辩护。从本书的前文中读者也可以看到,克切实际上辩护的是关于统觉之统一的认识论意义上的解读。

斯坦认为,为了公允地评估克切的尝试,需要看到康德在《纯粹理性批判》里要表达什么。在"知性的纯粹概念的先验演绎"中,康德的目的是"……去证明知性的纯粹概念,即康德在前面所谓'形而上学演绎'中确认的 12 个范畴,对于经验对象而言是客观有效的"(斯坦 2012,第 2 页)。斯坦认为接着的任务便是,去考虑究竟什么是所谓的"客观有效性"。斯坦认为去定义"客观有效性"比较困难,但至少可以知道"相对而言比较清楚的是,范畴的客观有效性的问题其实是,使用类似于原因-效果这样的范畴来思考经验性对象是否是理性合法的"(斯坦 2012,第 2 页)。换句话说,如果所谓的先天范畴确实拥有客观有效性,那么我们如果不将那些对象体验为是落入这些先天范畴之下的话,就根本无法体验到这些对象了。

斯坦在批驳克切的时候首先作出了一些预先性的区分。第一个区分是在"统觉"和"内感官"之间。斯坦认为关键的区分在于,内感官是经验性的,而统觉是先天性的。接着他解释了究竟什么是先天的。他写道:"我将这个当作是(粗略地)我对于我有意识的经验的众多组分和它们彼此间关联是有意识的,尽管我可能并不十分外显地将注意力转向这些。"(斯坦2012,第2页)在我看来,在给出这类有关"统觉"定义时,斯坦似乎注意到了克切一直试图强调诸如此般的意识不是外显型的,这是因为认知主体实则还需要外显地将自身的注意力转向这种联结。

这种外显的自我归结(self-ascription),从另外一个意义上而言,需要内感官的工作。斯坦将内感官当作是"片段性的外显性内省行为,通常发生于当我在精神层面上将注意力转向我的内在状态时。"(斯坦2012,第2页)但是在精神层面上转向精神状态并不意味着一个人外显性地将那个精神状态归于自我。斯坦的例子是这样的:为了使得一个人能够感受到有一个房子以及做出一个判断说"这儿有个房子"①,如果一个人仅仅意识到他在感知这个房子是不够的,因为必须有一个额外的带有注意力性质的(attentive)行为,是这一额外的行为使得意识变得外显,但是即使是这一带有注意力性质的行为也不能保证有自我归结行为。②

为了能够进一步解释统觉的统一性,斯坦也给出了一个关于康德"我思"的描述,我认为这一描述所蕴含的结论似乎过强了。斯坦解释了在他看来什么是康德所言的"'我思'必须能够伴随我所有的

---

① 或者是这样一个判断"我认为这儿有个房子"。"我思"是所有判断的一般形式。

② 斯坦在转向某人的精神状态和精神状态的外显性自我归结之间作了一个区分。当然有可能一个人能够转向其自身的精神状态而无需作出精神状态的自我归结。正如斯坦讲的,外显性的自我归结不得不将自己建立在内感官的基础之上,但却不是与内感官相同一。在我看来,外显性的意识既需要表象与呈现,也就是,它需要在众表象之间的联结,并且,联结的表象必须能够被呈递给认知主体。如果是这样的话,那么斯坦说的就可以被理解为在说直观杂多的表象并不能产生外显性的自我归结,也就是,外显的自我归结也需要将表象出来的内容呈现给认知主体的这种展示。

表象"。① 斯坦坚持说，"我思"能够伴随表象 R，就等于是说，认知主体需要作出这样的判断："我在思考 R"或"R 是我的表象"。换句话说，由先验统觉促成的统觉的统一蕴含我能够（但并不实际上总是）外显地将那些我联结过的表象看作是我的。

斯坦关于"我思"所持有的观点在某种意义上是没问题的，鉴于他如果能够将先验统觉的重要性把握为众表象的统一性力量的话。然而，他在解释"我思"如何伴随所有表象时却没有给出一个清晰的陈述。于我而言，在康德文本中原初的句子，比如，"我思必须能够伴随我所有的表象"，其实是比较难解读的。如果在什么算作"我思"表象上没有一致意见，那么究竟什么才是"伴随"呢？

在这一章的前面部分，我已经探讨了一部分克切在其《康德之思者》中展现的最具洞见力的观点。在克切看来，"我思"表象不是占有时间位置的经验，而是伴随一个人的所有表象的先验思维形式。然而，这一事实并不能自动地蕴含结论说斯坦关于克切的论证失败。但我接着还是会论证斯坦对于克切的批驳，在某种程度上是不公允的。

如斯坦所总结的，在范畴的先验演绎中，康德实际上论证了一个双向条件句：

（P）主体 S 在其众表象当中拥有统觉之统一，当且仅当 S 经验到对象。（斯坦 2012，第 2 页）

换句话说，斯坦认为，康德必须要为以下两个命题辩护：第一是当 S 经验到对象时，主体 S 在其众表象当中拥有统觉之统一；另外一个是，仅当 S 经验到对象时，主体 S 才能在其众表象中拥有统觉之统一。更甚，斯坦认为这一双向条件句等同于以下这个论断，即，存有对象意识与自我意识的相互依存。

斯坦的策略，在旁人看来，似乎是去展示克切的论证能够如何行

---

① 这是康德 CPR 里关于自我意识最为含混的表达。然而，这可能是整本书中最为关键的表达，无论如何还是得要仔细阐述这一句。

进,然后借此看到在论证在究竟哪里出了错。因此他总结了克切在其著作中从第 141 到 142 页的论证:

1. 如果一个主体理性-经验性地认知了对象,那么主体就能意识到在她的判断和其他(实际的以及潜在的)判断之间的理性关联。

2. S 是一个理性-经验性地认知 P 命题的主体。

3. S 意识到她自己的判断,即 P 命题是理性地根植于她对于对象的知觉性意识中的。〔根据"理性-经验性认知"的定义得到〕

4. 如果 S 意识到她的判断是理性地根植于她的知觉性判断当中的,那么她就能意识到她自身作为这些精神状态的共同主体。

5. 因此,S 意识到她自身作为其精神状态的共同主体。〔由 3 和 4 得出〕

6. 因此,如果 S 是一个能够理性-经验性认知的主体,那么 S 意识到她自己作为她的诸精神状态的共同主体。〔从 5 中,discharging 2〕

前提 1 并不是斯坦本人的发明,但是克切的"理性-经验性认知"的定义所需要的。然而,究竟在什么意义上一个人能意识到其判断间的理性关系,这一点倒是不甚明晰的。我的意思是,认知主体是否外显性地知晓诸表象间的必然关联或是否仅仅在一种含蓄的意义①上知晓呢?这一点是不得而知的。幸运的是,斯坦带入了诸如"实际的和潜在的"这样的新词来暗示认知主体仅仅能知晓但不确实知晓诸表象间的必然关联这一点是可能的。这是一个相对来说较为公允的有关康德的诠释,读过《纯粹理性批判》的人看得出来,当康德写道"我思表象必须能够伴随我的所有表象"(B132),他所表达的意思是我思表象能

---

① 当我说"含蓄的意义上"时,我指的是我们可以知晓但不实际上知晓,但如果一个人可以转向这一点倒是可以使其变为外显的。

够,但不实际上必须伴随所有的表象。

前提 2 和前提 3 看上去都是没问题的,如果我们接受克切的理性 -经验性认知的这个概念的话。斯坦认为这个论证最重要的步骤在 4。斯坦的观点是 4 无论如何都不可能是自明的,因为"如果主体意识到她的精神状态之一是理性地植根于另外一个(知觉)那么第一人称'我'之法则[①]就能适用于她"(斯坦 2012,第 3 页)。第一人称"我"之法则要求所有的表象都能在作为一个人自己的诸表象而实现。在我看来,这就是克切所以为的另一种与"'我思'必须能够伴随我的所有表象……"相对等的表达(CPR,B132)。

斯坦反对前提 4 的原因是他认为,认知主体能够意识到其众表象或判断间的关系,但不将这些概念化为其自身的东西,这一点倒是可构想的。斯坦认为为了能够达成在前述论证中的结论 6,克切必须得展现出康德在《纯粹理性批判》中的观点究竟如何排除了他这里考虑的可能性,即,一个人仅仅意识到那些关系但不能对这个意识作出外显性的判断。然而,问题在于,究竟什么才是"在不把这些判断概念化为自身的情况下实现"究竟是什么意思。难道这意味着一个人能够意识到众表象之间的关系或者联系但又不能意识到这些表象属于其自身?如果这是正确的解读,那么看上去似乎斯坦必须得展现这一点是何以可能的。换句话说,斯坦必须展现要区别两种对于关系或联系的意识,或者至少需要具化什么种类的意识能够分别建立起第一和第二种。

然而,即便斯坦关于为何这个区分是必要的有一个比较好的回应,斯坦本人的论证也不能一劳永逸地拒斥克切的整体尝试。斯坦利用这个论证来辩护以下这一点,如果 S 拥有理性-经验性认知,那么他有自我意识或将信念归于其自身这一点就是不必然的。原因在于,他认为,理性-经验性认知仅仅意味着认知主体能够意识到众表象之间的关系或关联,但这一点并不意味着他能够外显地意识到这个信念是归于他自身的。

---

① 即这一原则"对于任何是表象的东西,它必须与其他东西一道属于某个持续的自我"(克切 2011,第 123 页),是克切的"我之法则"。

　　这体现了斯坦认为克切那里并没有提及一个极为重要的区分，即，在对于众表象之间的必然关联或关系和关于此种意识的外显性的概念化的判断之间的区分。

　　在我看来，此处强调这个区分很有必要。于我而言克切似乎并未给出一个明确的描述用于解释从对于众表象间的必然关联或关系的意识到关于此种联结的概念化的判断的跳跃是如何发生的。

　　但也许我们也能找到方法来回应斯坦对于克切的批评。比方说，一个人可以说克切并不有意持有如此强的论断，也就是，可以辩护说克切并不是不知晓这个区分，她只是认为这个区分的作出在给定她的整体尝试的朝向而言是不大重要的。在前面的部分，我已经讨论过克切主要的论断并得出结论说克切所持有的观点其实是，在她解读《纯粹理性批判》得出的结论中，思者是由其综合多种表象的那个行为本身所建构的，这一行动由她自发的官能完成，即由先验统觉完成。换句话说，当克切说理性-经验性认知和先验统觉的统一相互蕴含的时候，她的意思是一个思者被建构的方式与众表象之间的必然关系或联系得以在理性-经验性认知中形成的方式是相同的。这并不是说，不管何时有先验的统觉统一，都会有理性-经验性认知，或者反过来。对于克切而言，如果想要回应斯坦的这个批驳，实际上她并不需要拒斥斯坦说的这个区分。克切强调的是，若没有由使得先验统觉统一得以形成的那个官能所形成的理性-经验性认知，就没有所谓思者，这是因为思者在其中得以形成的过程正是理性-经验性认知得以形成的那同一个过程。换句话说，当克切说先验统觉的统一与理性-经验性认知互相蕴含的时候，克切并不意图去为了以下这两个命题辩护：（1）先验统觉的统一蕴含理性-经验性认知；（2）理性-经验性认知蕴含先验统觉的统一。她最多会为（2）辩护，也就是，回溯性地，基于理性-经验性认知是可能的情况下，先验统觉的统一必须在场。[①] 但是正如我所

[①]　这在某种程度上，与康德的范畴的先验演绎论证是否成功的问题是相关的。然而，克切在这里论证的成功并不依赖于范畴的先验演绎的成功。换句话说，即使范畴的先验演绎失败了，克切的思者构建不见得就随之覆灭。

言,这不是她意图强调的点。

2.3 克切的整体尝试在何种意义上启发我们关于自我意识的思考?

在前面的段落中,我已经展现了为什么我觉得斯坦的反对意见并未能够一劳永逸地击败克切的尝试。当然,当斯坦说必须得有一个介于对众表象之间关系或联系的意识与一个外显性的对于此种关系或联系的概念化判断之间的区分,这一点是很合理的。但是,在我看来,克切并不会真的去否认这个区分,以及这个区分对于克切用"思者"一词企图作出的论断是不相关的。

尽管克切的论断在康德诠释的维度上颇为合理,但是不清楚的是,这是否本身是关于自我意识的一个独立的完善理论。因此我还需要找到在何种意义上克切的观点能够启发我们关于自我意识问题的理解,或者至少知道它如何帮助我们建构一个更好的自我意识模型。

在我看来,克切已经展现了《纯粹理性批判》中"先验的统觉统一"的重要性。[①] 这一重要性,一般而言,是因为经由这个概念,能够看见究竟"思者"的概念是如何先是[②]认识论意义上的然后才是形而上学意义上的。试图论证这是个认识论命题而不是形而上学命题的策略有一个好处,就是可以免于康德所谓"谬误推理"的指责,也就是,使用理性官能去试图论断那些理性本身并不足以能够回答的问题。

进而,克切关于先验的统觉统一之论述至少能够展现出几个有关如何构建自我意识模型的几个非常重要的提示。首先,克切关于康德之思者的尝试展现了,"思者"不像那些我们日常生活中感知到的普通

---

① 当然一个人也能反驳说,CPR 里最为重要的主题不是统觉的先验统一,而是先天范畴的客观有效性的证明。我不会否认说先天范畴的客观有效性证明是 CPR 的最为重要的主题之一,然而这并不能否认这一事实,即康德关于 CPR 的认识论解读也提供了一个关于我思和自我意识的极为出色的论述。

② 或者说,思者本身(the thinker *per se*)。

对象诸如桌子椅子之类，"思者"不能以此种普通的感知方式从而成为一个已然构建好了的实体，但却是一种"转瞬即逝的原质"（这是卡斯特内尔达在 1990 年论文中使用的术语①），这种原质包含在每一个单个的自我意识片段中，在此片段中"自我"或"第一人称我"能够实现。借用这个阐释，极有可能的是，克切可以辩护说康德关于"灵魂"的观点不能被当作形而上学存在但却可以看作是形而上学的。反而，只有先验的统觉统一被道出这样的观点倒是对于自我意识何以可能具有一定的蕴含意义，因为它暗示了，除非自我意识的片段之形成前于一个人关于他的"自我"或"我"的意识，否则的话就没有实体性的或物质性的第一人称我②。其次，克切在其关于康德在《纯粹理性批判》中观点的阐释也提供了一种可以用来理解诸如"我思"和先验的统觉统一这样重要概念的方案。诸如此般的概念以及那些包含这些概念的句子，对于康德的读者来说总是模棱两可的。由于我本人的目的是要建立一个康德式的自我意识模型，而不是要单单基于当代各学科文献建构一个自我意识模型，我必须得要非常严肃地看待对于康德文本的阐释。

在第二章的第一部分，我已经展现了能够从克切关于康德的阐释当中得出的最为重要的洞见。这些重要方面包括：（1）先验统觉是一个统一性的力量而不是一种特殊的人类官能；（2）并没有什么持续地在的主体或实体性的第一人称我，也没有任何关于第一人称"我"的存在的结论能够从对于认知的分析中得来；（3）任何的认知必须包含有自我意识的思维行为；（4）"我思"并不是一个在时间和空间中的经验；（5）先验的统觉之统一是四个反对先验辩证论的论证的主要议题；（6）"我思"分析性地蕴含在思维概念中。

霍威尔 2006 年论文中，以上六个命题都在某种程度上与关于康德在"我思"和自我意识问题上的"直接指涉"解读相互兼容。③ 然而，

---

① 我将在第五章中探讨这一点。

② 当我说"实体性的或物质性的第一人称我"的时候，我指的是这样一种"我"的类型，即能被当作既定的实体的"我"。我思之表象无论如何也不可能与实体我相同一。

③ 霍威尔的论文会在第四章中详细探讨。

克切在她所谓的认识论式康德解读上强调的更多因此她将先验的统觉统一作为康德体系最为重要的关涉,或者是作为她认为在阐释康德时应该着重强调的部分。这并不是说《纯粹理性批判》的核心主题是证明先验的统觉统一;相反,绝大多数康德学者都可能会反对这种观点。然而,由于我在这里的目的是为了建构一个康德式的自我意识模型,因此可能没有必要在这里特别地去讨论康德在《纯粹理性批判》中的核心论断是什么。应该展示的是:首先,克切的观点作为对于康德在"我思"和先验统觉观点上的阐释而言,是较为合理的;其次,克切的解读与我所采用的阐释康德框架是兼容的,我所说的这一框架指的就是霍威尔提到的直接指涉理论。我已经在 2.1 中展现了前者,现在我需要展现的,在一般意义上而言,是克切的观点如何与霍威尔的直接指涉理论阐释相容。

首先我们来检查一下我在前面 2.3 节中总结的克切的主要论点。先验统觉不是一种官能而是一种能力这一观点,与克切自身关于康德阐释的认识论维度坚持,是相容的。坚持对其作形而上学解读的人很可能会说,先验统觉正如知性或感性一样,也是一种官能。然而,正如克切论证的,并没有很强的文本证据显示康德试图传达先验统觉是一种人类官能这个观点。霍威尔并没有直接处理先验统觉是官能还是其他这个问题,在我看来,似乎霍威尔的阐释可以与两者皆相容,也就是,基于直接指涉理论框架,霍威尔的观点与先验统觉是官能的观点相容,并且也与先验统觉是一种能力的观点相容。

克切的第二个论断似乎与霍威尔的观点相左。克切的认识论解读决定了,她不大可能承认有一个思维着的第一人称"我"的存在。然而,霍威尔认为,"我思"表象指涉思维着的"我"。乍一看来,克切的解读似乎与霍威尔的在实体"我"上有所不同。然而,尽管霍威尔并不刻意辩护一个认识论层面的康德阐释,但他很可能会承认,既然我们关于物自身一无所知,那么我们关于所谓实体我也一无所知。克切的认识论解读不仅仅在论证没有一个思考的第一人称"我",而是意图在说明康德的文本不应该被解读为宣称存有一个思维着的第一人称"我"。

区分在于,前面的论断强于后面的这个论断。暗示不存在一个思维着的第一人称"我"的认识论解读,并不自身蕴含一个形而上学论断说就没有所谓思考着的第一人称"我"。有一点值得注意的是,康德本人将表象和物自体区分得很清楚。认识论的解读至多能够告诉我们关于第一人称"我"的表象,但它不能作出非常大胆的论断说它关于第一人称"我"本身能够道出更多。因此我们至少能够把克切所说的当作局限于表象领域之内,这样的话就不会排除掉"我思"表象指涉性地指向一个思考着的第一人称"我"这种可能性了。进而,对于一个思维着的第一人称"我"的指涉也可以被读作不承诺一个形而上学意义上的第一人称"我"的存在。

克切的论断(3)基于她的这样一个考虑,即,不细化规范其功能的原则来谈论官能是没有意义的。因此当其在宣称将"先验统觉"细化成一个个别官能的时候,应当首先去细化此种官能起作用的原则,是较为合理的。在克切看来,在康德文本中,"先验统觉"被认为是根据先天范畴统一了众表象,这样的话经验认知就得以形成,因此有必要强调使得此种认知成为可能的原则。尤其是,克切认为被描述的这一规则至少应该能够解释自我意识性质的认知①是何以可能的。然而,有人也许会质疑,认为拥有某些并不具有自我意识性质的认知也是有可能的。关键的问题在于,确实可能拥有一类不具有自我意识性质的认知,但这不是克切所持有的观点。克切持有的观点是,"……认知官能必须包含认知的建构原则"(克切 2011,第 165 页)。通过这一点,克切的意思是不细化其原则来谈论官能是不合理的。换句话说,除非相应的原则能够被细化,否则假设有某一个官能也是不合理的。在《纯粹理性批判》当中,康德的策略是去回溯性地展现,基于经验认知是可能的,人类形式究竟应该如何被结构化。因此,克切所持有的不是一

---

① 似乎如果要从意识中推出一个"自我意识性质的意识"比较难,因为不是所有认知都包含了此种所谓自我意识性质的认知。然而,这其实不是克切所想要的。我将会澄清,克切并不实际上持有"无所不在命题",即认为所有认知都包含自我意识性质的认知。说我的认知预设了自我意识性质的认知是一回事,认为在具体描述我的认知的时候必须具体描述究竟自我意识性质的认知是如何可能的,则是另外一回事。

个形而上学论断声称所有的认知预设了有自我意识性质的认知,这一般被称为"无所不在命题",却是一个规范性的论断说,为了关于某个特定种类的认知说些什么,有必要先细化对应的原则。但似乎这样的要求并不蕴含进一步的要求诸如细化究竟自我意识的认知是何以可能的,并且似乎这里其实有一个需要填补的空隙。克切的体系是原创性的因为她提出了所谓"思者"的概念。思者指的是一个依赖于其思考的自发性而自我建构的实体。换句话说,思者是被思者自身的思维自发性、其综合性的行动所建构出来的,并且其结果构成了这一思考主体的内容。克切含蓄地假设了这样的观点,并且这才是她认为为什么在细化官能原则时,非常有必要的是着重处理思者如何意识到这样的事实,即正是他本身联结了那些表象并且最后达成经验认知。换句话说,具有自我意识性质的认知与经验认知达成是同时发生的。

我本人将这一点看作蕴含了一个非常重要的关于自我意识如何可能的观点,也就是,自我意识总是在经验认知达成的时候同时形成。但似乎这与常识相悖,因为有人可能会争辩说,也有时候经验认知是可能的但是这样的有自我意识性质的认知并不是啊。为了解决这个问题,我认为有必要澄清一下克切所说的"自我意识"是什么意思。如果她所说的是一种带有注意力性质的思维行为,或者是一种外显的关于人的精神状态的意识,那么似乎并没有什么成功的希望。幸运的是,克切并不会作出任何像这样大胆的论断,但是似乎她也不会作出关于她自己的那个"自我意识"究竟是什么的解释,并且这可能也是为什么斯坦会批评她关于理性-经验性认知蕴含自我意识的观点,在斯坦看来,论证本身站不住脚,因为克切并不能在一个人精神状态的思维行动和能够实现其精神状态的潜能之间作出区分。

克切的论断(4)直接讨论了康德所谓"我思"的本质性特征。康德关于"我思"概念似乎有些模棱两可,并且他有时在谈论它的时候仿佛是在谈论一个概念,有时又仿佛是在谈论一个表象。尽管在康德的术语里面,在概念与表象之间可能有一些重叠,"我思"在康德在《纯粹理性批判》里给出的论述中仍是不清楚的。论点(4)的重要性在于,通过这样的论述,克切能够展示出"我思"表象有着一个特殊的本体论地位,这样的话为了构建一个康德式的自我意识模型,需要考虑"我思"到底是什么以及它如何在产生真正的第一人称自我意识时起作用。如果克切所说的"我思"不在时间空间中是对的话,那么由我思表象带来的第一人称我的指涉就也不应该在空间和时间中。然而,问题是,如果"我思"和诸如此般的指涉不在时间和空间中,那么它在哪呢?要么可以找到这个问题的回答,要么有必要给出一个论证说这个问题本身问的方式不对。我本人采取后一种策略,也就是,论证说我们并不需要找到"我思"表象到底在哪里,正如康德所言,它可以但并不总是伴随着"我思"表象。尽管持有这种阐释会对于范畴的先验演绎的成功具有某种负面的影响,应该看到的是诸如此类的、意图是为了重建康德式自我意识模型提供文本支持的阐释并不必然蕴含范畴的先验演绎的失败。换句话说,范畴的先验演绎的成功或失败在这里是不相关的。现在我的任务似乎是要去展示"我思"表象能够产生自我意识,基于它并不总是伴随所有人的表象的情况下。换句话说,有人也许会问,如果"我思"表象并不伴随我的所有表象,那么这个人如何能够去确定这样产生的自我意识是完整的呢?在我看来,一个出路便是,给出一个关于"我思"的合理论述,以及一个与产生第一人称自我意识可能性相兼容的形而上学框架。这样的框架,也需要与康德给出的在"我思"和自我意识上的描述相协调,正如霍威尔总结的那样(参见1.3.3节)。举例来看,我所采用的框架应该与以一种无属性的方式直接指涉第一人称我的特性相协调。

克切的论断(5)相当新奇,并且如她所言,她与阿姆瑞克斯(K. Ameriks)不同的地方在于她不仅仅把先验辩证论当作是一个对于理性心理学的负面评价。她还论证说在范畴的先验演绎和先验辨证论之间存有一个连贯性,因为他们都在强调先验统觉之统一的重要性。这也许会被那些坚持说先天范畴的客观有效性而非先验统觉之统一才是范畴的先验演绎部分的核心主题的人拒斥。持有此种观点的原因是,因为一个统一的表象仍然对于客观世界而言是无关的,则统觉的先验统一对于证明先天范畴的客观有效性并不是充分的,那么就有可能这才是范畴的先验演绎的核心主题。我的想法是,当然从理论上来说,统觉的先验统一本身并不必然蕴含先天范畴的客观有效性。然而,基于克切本人持有一个假设说思者是在其同一个使用先天形式和范畴的综合表象过程中建构出来的,那么先验的统觉统一可以被看作是在这一过程中最为重要的主题之一。基于这样的预设,先天范畴的客观有效性仅仅是不相关的,尽管克切也许不能完全将她预设的那个假说合理地消除掉(discharge)。① 我本人倾向于认为克切的建议是合理的,并且在我建构康德式的自我意识模型时应当被考虑进去,这是因为我所采取的假设与之很吻合,同样认为思者是被思考行为建构的,亦即,并没有脱离于自发的思维行为之外的思者存在。②

克切的论断(6)给出了一个清晰的关于"我思"的论述。"我思"表象并不像红的表象或者是圆的表象那样,也就是,它不是经验性的而是先验性的。"我思"表象之"伴随"并不与——比方说——你看见一个苹果时红色表象伴随圆的表象这种情况相类似。确切的描述是,"我思"是能够伴随所有人的诸表象的思维形式。这一点的重要性在于,它允许了一种"我思"能伴随所有表象但不承诺一个经验性的第一人称我的伴随之可能性。思维之形式在场的事实并不蕴含一个经验性的第一人称我的在场。以此种方式,也许我们能够将康德解读为是在说"我思",分析性地包含在我的思维中,总是伴随着我的所有表象。在"我思"表象和第一人称"我"之表象之间的混淆需要被澄清。我将在第四章中讨论,霍威尔拥有一个非常有洞见的观点之于如何理解"我思"的功能,在其 2006 年论文当中,他说"我思"是所有判断的一般形式,并且霍威尔进一步论辩说"我思"表象确立了整个判断的主体

---

① 并不是所有的哲学体系都能被演绎的论证所证明,至少不是在当它们被提出来的时候,也并不是所有的假设都不能被在证明的最后一步被合理消除,但是这不该是我们必须要一劳永逸地拒斥系统的原因。也有可能某天假设突然能够在论证的最后一步被合理消除,比方说,得到了来自科学证据的支持,但那是另外一个问题了。

② 值得一提的是,费希特也表达过一个类似的观点,且他有时认为去思考就是去行动。

端,而将客体端留待一个人用其感性和知性获得的经验那里填补。在我看来,这里的一致性并不是个巧合,因为它展现了康德学者都看到了合理诠释康德"我思"概念的重要性。我将在第四章和第六章探讨,"我思"表象,尽管在《纯粹理性批判》中只是含混地被处理,无疑有着能被澄清和在重构的自我意识模型中被利用的潜能,尤其是当霍威尔将直接指涉理论与对于康德"我思"的诠释相关联的时候。

3. 关于自我意识的当代论证

除了检视康德学者在康德本人关于自我意识上说了些什么的探讨之外,我也试图找出究竟当代哲学家如何理解自我意识。当我在做接下来的文献综述时,我的意图是在其中找出一些洞见借以窥见究竟何种模型才能足以回应在这些讨论中遇到的各类问题。我将着重阐述舒梅克(S. Shoemaker)的"嵌入主体理论"①以及伊万斯(G. Evans)的"感受性理论"②。

3.1 舒梅克的嵌入主体理论

3.1.1 导论

舒梅克(1968)主要探讨了"我"作为主体的使用以及相关的谓词自我归结问题,他似乎认同这样一个观点,即,我的自我意识在将我关于自身的意识当作对于其他东西意识的锚或起始点。当他这么说的时候,他也试图表达,把握一个人置身于宇宙之中并不需要将他自身思考为具有这样或那样个别的属性。舒梅克进一步明确论争,在某种程度上谓词的自我归结其实是"经由自我同一而免于错误的"(immune to error through identification)。

我将要强调,舒梅克有一个原创性观点说的是常见错误观点即第一人称"我"在使用作为主体时不是一个指涉性的代词这一点其实有个比较合理的解释,此种在语言学实践上的洞见当然会在如何理解自

---

① 葛特勒(Gertler)的术语。

② 葛特勒(Gertler)的术语。

我意识本身上有着启发意义。在论争第一人称"我"作为主体的使用应该与其他代词诸如指示代词一样以同样的方式意图指向诸对象时，他表示人们会将自我意识当作一种在其中自我应该被当作对象向意识展示的知觉来看待。然而，在自我意识当中，自我不应该被当作对象。他的论证概括而言是，如果自我被看作对象，那么不可能有所谓"经由自我同一而免于错误的"这回事。正如舒梅克所展示的，确实存在着反例：有些 P-谓词诸如"处于疼痛中"是能够"经由自我同一而免于错误的"，这是因为在这些例子中，谓词之示例化的意识以某种特定的方式与在一个人自身中示例化的意识是等同的。

　　总结来看，舒梅克说在哲学家当中有认为第一人称"我"作为主体的使用相当神秘以至于认为它不该指涉任何东西的趋势。然而，这是一个错误。那些哲学家认为第一人称"我"作为主体的使用不是一个指涉性代词的原因在于它的使用与那些指示代词的使用并没有多少相似性。正如舒梅克展现的，尽管这看上去似乎是一个关于第一人称"我"作为主体的使用不指向任何东西这一观点的很好的辩护，但这还是被这样的事实反驳，即"这些其他种类的指涉仅仅因为这类自我指涉——即包含了第一人称我作为主体的使用——才是可能的"（舒梅克 1968，第 92 页）。换句话说，那些持有反对第一人称"我"作为指涉性代词的哲学家忽略了一个重要的问题，就是，第一人称"我"作为主体的使用所扮演的锚的作用。在舒梅克看来，每个人的指涉系统需要一个锚定的点从而任何形式的指涉才是可能的，并且此种锚定的点正是第一人称"我"作为主体的使用，或者说正是自我指涉。这样的总结显示了当涉及自我意识问题的时候，将第一人称"我"作为认知其他东西的锚定点来考虑的尝试，以及在那些不仅仅将第一人称"我"看作是对象、就好像第一人称"我"是被一个人的意识所"知觉"到而是在自我意识中赋予第一人称"我"以特殊地位的尝试，都很有可能得到辩护。

3.1.2　舒梅克论第一人称"我"作为免于识别的指涉代词

3.1.2.1　第一人称"我"作为指涉性的表达

在"自我指涉与自我意识"这篇论文当中，舒梅克在第一人称"我"

是否应该被作为一个指涉性表达上给出了一个概述性总结。

通常大家会认为单词"我"是作为单称术语或者单称指涉性表达使用的。当一个人比较类似"我感觉到疼痛"和"他感觉到疼痛"这种命题时这一点能被展示得更为清楚。既然它们都与命题"没人能感到疼痛"相悖并且传达了被命题"有人感到疼痛"蕴含信息，一般会理所当然地认为词语"我"是一个第一人称指涉表达。这一点也能以一种更为抽象的方式表达："以这些和其他诸方式'我感到疼痛'逻辑地作为命题性功能'X 感觉到疼痛'的一个值而表现。"（舒梅克 1968，第 80 页①）以此种方式，就可以理解第一人称"我"和其他指涉性表达式实际上起作用的方式很类似，也就是，它们都是以一种给命题"X 感到疼痛"赋值的方式起作用，因此我们能将此当作一个标准来判断一些词是否是指涉性表达式，并且如果一些词不能给像"X 感觉到疼痛"这样的命题赋值的话，那么就可以判定其不是指涉性表达式。

进而，舒梅克举出了一些特定的标准来判断一些词是否是指涉性表达式。他写道：

> 如果在所有包括"心理的"或"经验的"第一人称命题中，词语"我"都能起到为观众识别一旦这个命题为真则命题谓词必须归之于的那个主体的作用（当然，这所暗示的东西，是主体是演说者，即命题的制造者）。并且这恰恰是一个指涉性表达式的功能。（舒梅克 1968，第 80 页）

从以上这段引文，我们至少能够学习到如下的几点：首先，一个指涉性表达式的功能在于它能够识别命题谓词必须使用的那个主体；其次，前述的点仅在当命题为真的时候才成立；第三，这显示了"我"的确是一个指涉性表达式。

然而，如舒梅克所言，很多哲学家不认为"我"是这样一个指涉性

---

① 这篇文章在 Cassam 编辑的选集里面。

代词。并且对于那些不认为"我"是一个指涉性代词的人而言,有两种主要的观点。维特根斯坦是一个极端,他声称"我牙痛"和"他牙痛"不是同一个命题方程式的赋值。"……在'我牙痛'这里,'我'并不'指出一个拥有者',并且就像没有物理性的眼在看见之中一样,也没有自我在思维之中或在拥有牙痛的状态中。"(舒梅克 1968,第 80 页)这一段引文无疑展现了观点的一个极端,即认为"我"不是一个指涉性表达式。[①]

另一极端是这样。"相反的极端……的观点是'我'指向一个先验自我,一个在原则上来说对于感性经验是不可及的实体"。(舒梅克 1968,第 80—81 页)这是一种康德式的关于"我"的观点,至少乍一看像是。我后面将会说到这一观点其实比现实中更值得仔细考虑。将"我"看作是先验自我的观点,在我看来,并不必然地与"我"指涉不是自我的某物这样的观点相矛盾。想象一下有人可能会问这样的问题:"为什么'我'不能指向或指涉一个先验自我呢? 或者,为什么指涉本身必须得导向一个经验性的对象呢?"我将在本书的后面部分处理这个问题,在本章当中我将把讨论集中在舒梅克和伊万斯的论述上。

3.1.2.2 "我"作为免于识别的指涉性代词

在《蓝皮书》当中,维特根斯坦写道:"它们免于一种特定类型的错误:它们免于一种基于对于人的错误识别的错误。或者,拿我自己的话来讲,他们免于那些与第一人称代词相关的错误识别的错误。"(舒梅克 1968,第 81 页)这里维特根斯坦强调了免于错误不适用于所有的情况,也明确细化了究竟哪些情况下免于错误识别是可能的。

尤其是,维特根斯坦的观点是免于错误识别仅仅适用于第一人称的情况。换句话说,当我说"我牙痛"时,我不能出错的是那个我将其识别为有着疼痛的人。这不排除一种可能性,即我也许不是牙痛而是头痛。这显示了"将其作为主体的使用"是不可错的。这样的观点对于我们关于自我意识应当期待什么是有一定暗示的。那些赞成将"我"作为主体的使用时免于错误识别的人可能会认为,在自我意识

---

① 然而在我看来,这也许能与另一极端相互协调,因为当论证"我"指涉一个先验自我的时候,这一观点本身就与在想或拥有牙痛的行为中没有自我的观点是兼容的。

当中,自我只能被当作主体,或至少要首要地被看作主体。我在第六章建构现象层面的康德式自我意识模型的时候才能再展开这一点来谈。

如果一个人认为免于错误识别是可能的,那么他至少要能够细化得出来在哪些情境中主体不能免于错误识别。舒梅克写道:

> 说命题"a 是 φ"不能免于错误识别是因为其中 a 的缘故,这个意思是在说以下的情况是可能的:说话者知道有些特定的东西是 φ,但是还是犯错误作出了"a 是 φ"这样的判断,这是因为,并且仅仅是因为,他错误地认为他所知的被他当作 φ 的东西是 a 所指涉的那个。(舒梅克 1968,第 82 页)

以上引述的段落很清楚地显示出经由错误识别导致的错误是如何可能的。在"a 是 φ"当中,"有东西是 φ"总归是对的,但"a 是 φ"就不见得总是对的了。错误发生在当一个人错误地将 a 当作某个本该是"x 是 φ"中主体的那个 x。

然而,正如舒梅克所言,这并不意味着命题"我在挥舞我的手臂"也跟命题"我的手臂在动"一样不能免于错误识别。这里的对比显示了在第一人称代词我和其他代词之间的区分。换句话说,当我在断定"我是 φ"的时候,我不能将其他人当作是我。但我有可能在与主体相关的命题上犯错误,比方说"我的 a 是 φ",因为我不仅能关于命题的谓词犯错,我也能关于命题的主语犯错,即"我的 a"。

舒梅克进一步给出了"绝对免疫"和"情境式免疫"的区分。他争辩说不是所有包含第一人称"我"的都能绝对免于识别错误。舒梅克这里的意思是像"我面对着一张桌子"这样的命题并不能具有绝对免于识别错误的能力。相反,它仅仅具有"情境式免疫"能力,其理由在于当我作出"我面对着一张桌子"的时候,我有可能实际上正在往镜子里面看而看见的是我的双胞胎姐姐而不是我。因此在普通的观察中,即不在所谓我往镜子里面看的情境中,几乎不可能我会错将我的双胞胎姐姐当作是我。

进而,舒梅克也注意到:

> 当自我归结是情境式地免于错误识别时,这总是因为说话者
> 知道或相信这作为某种其他的自我归结的结果是真的,而这一点
> 说话者本人知晓或者有资格相信,绝对免于错误识别的。(舒
> 梅克1968,第82页)

舒梅克在这里分析了为什么一些命题可以是情境式地免于错误识别
的原因。那些命题不能绝对免于错误识别,但是却在某种程度上可以
情境式地免于错误识别,这是因为思者将那些情境式免于错误识别的
命题当作是那些绝对免于错误识别的命题的蕴含结论,但却常常不意
识到这种蕴含关系。这在以下的例子中可以看出:"我面对着一张桌
子"作为"我在我的视域中心看见了一张桌子"的蕴含结果。后者是绝
对免于错误识别的,但前者不是。

然而,舒梅克非常敏锐地指出,在某些情境中,识别本身是不需要
的。有人可以轻易理解那些在其中识别是需要的情境,并且因此可能
在这些情境中他有可能在其识别行为中犯错。比方说,当我说"我疼"
或"我看见一个金丝雀",我也许会在识别究竟是谁疼或谁看见金丝雀
上犯错误。

然而,一旦我使用"我"作为我的命题的主体,如舒梅克谈论的那
样,那么"我的指涉就不包含这样的识别"(舒梅克1968,第83页)。

但问题再度出现了,因为说在这些情况里自我指涉并不需要识别
抓不住其特征。在舒梅克看来,有一些其他情境中指涉并不需要识
别。舒梅克考虑了两种情境,其对比能够展现出何以其他情境能够拥
有指涉的特征而不需要识别。第一个情境是这样:假设我在卖领带
且顾客想要那条红色的。假设我需要到箱子里去摸那条红色的,但摸
的时候我是看不到的。我是如此相信我的记忆以至于我相信红色丝
绸的领带就在箱子的角落。我摸到了一条我感觉是在箱子角落里的

红色领带,所以我指着这条领带跟顾客说:"这是那条红色领带。"但实际上我可能指的是一条绿色领带而不是红色的。换句话说,在这个情境中,有可能在我意图的指涉和我实际的指涉之间存有差异。

可是此种差异在第二个情境中就不可能了,即,当我简单地指向那个我正在看的领带并且说"这是一条红领带"的时候。事实是,在这个情境中,我的意图仅凭自身就能决定我意图指向的或者是指示代词的指涉,并且这一指涉不可能是其他的样子。

舒梅克接着比较了第二个情境中无需识别的指涉和第一人称代词的案例。换句话说,克切将指示代词与第一人称代词相比较。舒梅克意图展现的是规范指示代词使用的规则并不会凭借自身就决定了说话者意图中的指涉。"这"可以在很多情境中被使用,也没有什么要求说每次"这"必须得指向一个单个的东西,正如在第二个领带的例子中显示的那样。诸如此般的指涉,并不要求任何进一步的识别。我只需要简单地指向那个我很明显地看见的东西,其他动作是不需要的。

舒梅克就此写道:

> 一个人能够选择是否使用"我"这个词,但是规范这个词的使用的规则一劳永逸地决定了它的指涉是什么,或者在任意给定的其使用的场合,也就是,它对于说话者而言的指涉,并且在其指涉的决定上并没有给说话者的意图留下任何维度。(舒梅克1968,第84页)

这与霍威尔提出的规则(R)非常类似。[①] 舒梅克和霍威尔都同意说第一人称代词的使用的规则决定了代词绝对要指涉包含有"我"作为主语的命题之说话者。

舒梅克也注意到在"我"和指示代词像"这"之间还有其他重要的差异。尽管"这"的指涉在绝大多数案例中不需要识别,有可能会有指

---

① 参看我在第四章中的讨论。规则(R)认为"在所有其发生的陈述或命题里面,'我'指向所有陈述或命题的说话者"〔第127页,霍威尔2006,基于John Perry关于(R)命题的观点〕。

涉的失败,诸如在幻觉的案例中,就只是没有指涉所指向的那个对象而已。正如舒梅克注意到的,笛卡尔的"我思论证"表现了,为了第一人称代词的使用,没有此种指涉的失败是可能的。也就是说,"我"的使用绝对指向某个思维的主体,无论是否一个人在幻觉中与否。

然而,在某些例子中,"这"的使用确实需要某种识别,并且因此而不能免于错误识别。假设说在时间 t1 我说出了一个命题"这是红色的",在过了一会儿的 t2 我试图表达类似的知识,这个时候如果我只是说了一个刚才那个命题的过去式("这曾是红色的")的话,是无法成立的。这是因为,"在我的记忆知识里,'这'这个词将会典型地让位于某种类型的描述,比方说'曾在我面前的那个东西',或者'我曾看向的那个东西'(舒梅克 1968,第 84 页)。这就是说,"这"必须适用于一些与我即说话者发生关联的对象。所谓关联性,尽管不能排他性地被细化,也必须以某种方式被决定,比方说这样的意思"我正在看向的东西",或"我正在指向的东西"。换句话说,如果在时间 t1 我说"这 1 是红色的",那么在时间 t2 我也可以说"这 2 曾是红色的",但是这里得有识别。因为我没有资格认为这 1 和这 2 指涉的是同一个对象,除非我依然执行了一个识别行为。

相比之下,"我"的使用并不需要此类的识别。比方说,如果在时间 t1 我说"我看见了个金丝雀",在时间 t2 我说"我刚看见了个金丝雀",那么我不需要去识别在第一个命题中的"我"和第二个中的"我"是不是同一个。因为既然这里没有这样的识别,"我"的使用也就不会发生错误识别。

在其论文的第一部分结尾,舒梅克评论了一个一些哲学家常常作出的结论。这源自一个假设的前提"当自我指涉不包含识别的时候,它必须得包含指示性的指涉,这通常发生在当一个人说他看见的某个东西'这是红色的'时候"(舒梅克 1968,第 85 页)。

这也就是说,发现自我指涉并不包含识别的人将会假设自我指涉不得不包含指示性指涉的类型。而当一个人持有此种想法时,他就很容易得出这样的结论:"我"并不是一个指涉性代词,尤其是当一个人坚持以下的预设假说时,"'我'不再是一个指示性代词而是一个名字或'伪装的描述词'"(引文同上)。

正如有人可能在后面舒梅克的文本中看到的,他反驳了以上的预设性假说,对于舒梅克而言,如果自我指涉并不包含同一并且它能够免于错误识别,那么它就不必然地意味"我"必须要与指示性指涉相类似,并且如果"我"并不需要与指示性指涉相类同,那么我就没有资格得出结论说"我"不是一个指涉性代词。

舒梅克首先检视了一些大致的观点,持有这些观点的人将"我"看作并不指涉任何物。第一组人群倾向于认为,既然"我"对于一个人本身而言不是对象,这个人的自我也就不是他能够在世界中遭遇到的东西。这导向了一个常见的关于自我的观点,即,一个人的自我或第一人称我并不是能在世界中找得到的物理性的或物质性的东西。

然而,在舒梅克看来,第二组哲学家诸如休谟和康德,否认说任何非物质的经验对象能够是思维和经验的主体。若将两种观点联合起来考虑,人们很容易得出结论说"我"并不指涉,或者在世界中没有"我"。

舒梅克认为这样的观点能够被维特根斯坦和托马斯·内格尔所支持。内格尔认为"并没有关于免于符号反身性表达式的以及可以被'我'替换的描述……"(舒梅克 1968,第 85 页)。这也就是说"我"的使用之所以特别是因为免于符号反身性的表达式根本不能替换"我"。

如果这是真的话,舒梅克想象着有人可能会给出以下这样的论证:

> 我在世界中发现的没有什么可以是我自己(或我自己),因为关于我在世界中发现的任何对象——这个对象本该是我从其中推论出我自己的——都没法观察或建立起任何东西。(舒梅克 1968,第 85 页)

舒梅克认为这是一个很糟糕的论证。他给出的理由如下:首先,前提不真;其次,如果前提真,结论也不必须能从中得出。

论证的前提是,"关于我在世界中发现的任何对象——这个对象本该是我从其中推论出我自己的——都没法观察或建立起任何东西"。在舒梅克看来,这限制了一个人能够决定某物是不是其自身的方式。除了通过符号反身性表达式的使用之外,这一观点排除了其他发现自我的方式。然而,为了在世界中找到一个人的自我,找寻方式本身是不应该被局限的。正如舒梅克所言:

> 的确没有关于一个人的免于符号反身性描述以便于作出那个人是我自己的这个判断,但是,也并没有理由可以说,在建立某个人是否是我自己这个结论的时候,我应该局限于那些可以在不使用符号反身性表达式时描述他的事实。(舒梅克1968,第86页)

即使这个前提是真的,也并不必然得出结论说自我根本不在世界之中。这是一个对于论证而言过于强的结论。通常论证仅仅能够达到这样的结论,即"我不能知晓那个是我自己"而不是"自我不在世界当中"。

读者也许可以看到,舒梅克所争辩的是仅仅在认识论意义上解读这个论证,而这个论证本来是朝向形而上学方向的,整个论证最后得出结论说某物不在这个世界中。对于那些对强形而上学论证感到不适的人而言,这里恰恰是他们能够体现不同意见的地方。

舒梅克对于现实世界中的事实非常清楚,我们很少以我们看待他人的方式来看待自己。然而,这可以在某些设计出来的实验里面完成。舒梅克建议我们想象一个满是反射镜面的世界,在这个世界里面大部分的看见包含了来自观看者和他看见的东西之间的一个或多个镜子反射的干扰。或者,我们可以想象一个世界在这其中非欧几里得几何学能够适用所以光线可以走曲线路径。如何想象这个世界并不重要,重要的是这样一个事实,"清楚的是在这个世界中并没有什么保证,当你观察一个人自己的时候,这个人会不会知道他在看的正是他自己"(舒梅克 1968,第 86 页)。换句话说,这个设计实验的目的是为了想象一个世界,在其中没有人能够必然地知晓他自己观察到了他自己。

值得注意的是,舒梅克并没有试图排除这样一个可能性,即一个人能够发现他自己才是他在观察的那个人。换句话说,原则上没有理由为什么一个人没法发现他自己就是在镜中被看的那个。

这并不是说,不该有像"在世界中发现自己"或"成为一个人自己的对象"的描述。然而,如同舒梅克争辩的那样,这并不是要想退一步承认这样的观点,即是在这样的基础上"一个人才作出了在其中'我'被'作为主语'来使用的第一人称命题"(舒梅克 1968,第 86 页)。

事实是,如舒梅克所言,不是每一个自我归结都能基于一个将展示的对象当作其自己来作的识别。舒梅克接着提出了两个可能的条件来将某人当作一个人自己来识别,这两个条件如下:

> (a)找到一些对其而言是真的东西,一个人独立地知晓关于他自己的那些为真,也就是,一些将其识别为其自身的东西,或者,(b)发现其与自己处于某种关系之中(比方说,处于同一位置),而这种关系通常只有一个人自己才能与其形成。(舒梅克 1968,第 86 页)

舒梅克接着指出,不管在哪个案例中,都需要依赖自我知识。自我知识需要是那种一个人拥有特定识别特征的知识,或者是那种一个人与被呈现对象处于某种特定关系中的知识。进而,此般的自我知识不能依赖于识别。但这种自我知识能够依赖一些其他种类的识别,但不是这里有疑问的这种识别而已。然而,前面那个说每一个自我知识的项目都依赖识别的预设肯定导向一个恶性的无限循环。

然而,如舒梅克所强调的,一个将被展示对象当作其自身所作的识别将要与错误识别的可能性一道出现。换句话说,哪儿有识别,哪儿就有错误识别的可能性。"我"之使用的独立特性在于它不会有错误识别,这是因为它的使用压根就不涉及任何识别。

但在舒梅克看来，"说一个人不能是自己的对象，这是错误意见的主要来源之一，反过来也是'我'不能指涉这一观点的源头"（舒梅克1968，第87页）。换句话说，它的特征即其使用并不需要识别这一点使得一些哲学家开始认为"我"根本不是一个指涉代词。

舒梅克非常清晰地指明，在使用"我"之时，并没有任何识别，且因此"我"的使用可以免于错误识别。但舒梅克意识到他必须细化他在强调何种识别。通常识别是一种通过感官知觉的方式将个人认出并识别为鲜活的人的行为。但在舒梅克看来，这也许能够被质疑，因为那些认为他们自身是内省型非物质实体的人会问是否在这种情况下识别还是免于错误识别。进而，即使自我可以被看作鲜活的人，还是有可能我的自我以一种特定的方式只能被我自己所获取到，而对于其他人是无法接近的。

除去理论性支持之外，也有其他的证据可能展示前述的思维站得住脚。舒梅克指出，有很多谓词是自我归结独有的，并且这些能够免于错误识别。至少在原则上并没有原因说我们为什么不能将这些谓词看作是自我意识或自我知识的显现。

值得注意的是这并不是在诸如休谟这样的哲学家否认说一个人对其自身来说是个对象这样的意义上谈问题。休谟说："没有知觉的话我不能在任何时刻抓住我自己，且从不能观察到任何东西，除了知觉之外。"①休谟试图否认的是，如舒梅克所言，"……是这个自我意识要被以特定的方式解释"（舒梅克1968，第87页）。这样另外一个问题就来了，即，这个自我意识应该在其中被解释的"特定的方式"到底是什么？舒梅克的解释是人们总是倾向于认为有一个对于自身的感知可以解释一个人的自我意识，这能够与那些在其中一个人关于约翰的感性知觉能够解释约翰有胡子这样的知识的相类比。舒梅克认为那些倾向于在思维中引出这个类比的人忽略了一个事实，即我将我所观察到的关于他的属性和其他东西都当作是足以充分使得我能够识别

---

① 参见 David Hume, A Treatise of Human Nature, ed. L. A. Selby-Bigge (Oxford, 1988), p. 252。

约翰的。然而,这在我对于自己的意识里并不是事实。假设说我的自我意识与我关于约翰的意识有着很多共同点,那么当我处于疼痛之中的时候,为了达到"我处于疼痛之中"这样的自我意识,我将不得不把自己在内感官中识别为具有这样或那样的属性。但是人们也许能够看到,这预设了认同并且因此走向了错误识别的可能性。有一个办法可以跳出这个,比方说,去争辩说经由内感官的关于某人自己的知觉预先地排除了错误识别的可能性。为了能够论证这一点,必须得承认"被感知到的自我将具有一个属性,也就是作为我的内感官的对象的属性,这一点除了我自己以外没有其他人能够(逻辑地)拥有且借此我才能无错地将其识别为我自己"(舒梅克1968,第88页)。然而,这也并不能起作用,因为"我将不得不知晓第一人称我通过内感官观察到它,这一自我知识,作为我将自己识别为我自己的基础,不能因其自身而被建立在那样的识别之上"(引文同上)。换句话说,如果有一种方式是被感知的自我仅仅能够被他自己识别为是其自己的话,那么这个人必须知道是<u>他自己</u>在内感官中观察到自己,由此这反过来需要一种不能依赖于识别的自我知识。

进而,舒梅克论辩道,如果我的自我知识不能基于将我自己作为我自己的识别,那么也有可能我的知识诸如"我看见了个金丝雀"或"我感觉到了疼痛"并不一定要依赖于识别。如果以上条件都满足,那么舒梅克持有以下的观点也许可以得到辩护:

> 因此,有着经由一个人的内感官的观察这一假设——这是应当被解释的东西之所在,并且因此不能简单地等同于,自我归结这些谓词的能力,这些谓词的自我归结是免于错误识别的——最好不过是一种不必要的假设:它解释的所有东西也都能够更为简单地和更为经济地在缺乏它的情况下被解释。(舒梅克1968,第88页)

换句话说,一个人的内感官能够观察到其自身这一假设是没用的,既然它根本不做任何工作,也就是,去为自我归结那些谓词的能力解释,以一种免于错误识别的方式。在没有错误识别的情况下通过内感官观察某人的能力本身不能被证明,因此自我归结那些能够免于错误识别的谓词的那种能力也是没有被证明的。

因此也许可以得出一个令人困惑的观点,即,自我意识并不需要作为对象来向一个人呈现。这一观点不容易被理解因为就像人们不能在没有看见任何一个具体的红东西前看见红本身一样,人们也不能理解如何能够在不知晓那个拥有那些状态的人的情况下知晓其状态。也许有人可以说想象一下有可能能够在不意识到主体的情况下即不意识到那些在其之中谓词被实例化的情况下,也能意识到自我归结的谓词或者这些谓词的实例化,那么以上的观点就是可辩护的。以此种方式,休谟和笛卡尔的观点能够更好地被理解。比方说,休谟认为一个人可以意识到他的思维但不知道关于其思维主体的任何信息。

如果所有这些观点听上去是有说服力的,那么一个人有可能倾向于认为自我意识并不包含将自身作为对象来看待的意识。如果一个人在内心持有这种观点,那么诸如"感觉疼痛"、"生气了"以及"看见一棵树"这样的表达式都是伪装的谓词,因为没有任何主体被认为应该适用于这些谓词。如果"我"在这些表达式中被用作主体,那么"我"就是伪装的主词,就像"它(天)"在"(天)在下雨"这个句子中一样。

舒梅克本人不认为这样的理解在走向正确的方向。在他看来,"……这里麻烦的主要源泉在于将意识当作一种知觉来思考的趋势,也即是,基于感官知觉的模型来思考它。"(舒梅克 1968,第 89 页)换句话说,前述的观点说在自我意识中自我不应该被当作一个对象这一点预设了一个知觉模型,而这并不是一个用来理解自我意识的很合适的模型。尽管舒梅克总是反对自我意识包含任何关于自我的知觉在内,他还是不能否认事实说在像"我感觉到疼痛"这样的判断中,主体丝毫不感觉到疼痛或者即使感觉到疼痛也比在判断中表达出来的那种程度轻。舒梅克明确说他意识到"我感觉到疼痛"这样的判断暗示了,在意识到某人处于疼痛的时候,他不能只是意识到谓词"感觉到疼痛"被实例化,这个实例化还必须发生在一个人的自我之中。

如舒梅克所注意到的,这个问题发生在一个人首先开始使用知觉模型构建其自我意识的时候,经由知觉模型,被认识的事物一般被看作具有某种特定的属性,继而当其被自我意识不包含任何关于自我的知觉的事实说服时,他要么就会选取知觉模型或者干脆完全放弃这个模型。但有读者可能已然看到,坚持知觉模型的话可能会走向不连贯。舒梅克评论道:

> 有人也许试图去建构在一个自我归结中被归结的那些属性的实例化的知识,并基于以下这个模型,即在一个情境当中人看见或观察到感官性的属性的实例化,比如像红色,并同时拒斥一个人感知到这个属性在其中被实例化的东西。(舒梅克 1968,第 89 页)。

换句话说,从一方面来看,一个人试图采取知觉模型来解释自我归结;另一方面,有人拒斥在自我意识当中自我能够被看作一个被感知的对象。这将肯定导向不连贯,并且仅有的出路,便是在涉及自我意识的解释时丢弃知觉模型。

然而,放弃知觉模型的道路困难重重,因为似乎我们通常采用来看待普通对象的知觉模型是被我们用来表达心理谓词的词汇所暗示的。舒梅克给出的这个例子是当一个人感知到后背疼或者是鼻子痒的时候,他倾向于以一种有某个特定类型的精神对象被他感知到来描述。但是,如舒梅克所争辩的,我们的语言也许会暗示这些疼痛是被感知到的,它并不暗示"这个人感知到这些感受或者之于这些疼痛的'拥有'"(舒梅克 1968,第 89 页)。

舒梅克认为这个难题并不难想得通。他建议说,如果有人觉得拥有免于错误识别的自我指涉何以可能是难以理解的话,那么他可以考虑他是否认为决定以下这个观点很勉强:"应该有一些谓词,或者属性,这些的自我归结是免于错误识别的。"(舒梅克 1968,第 90 页)

　　如舒梅克所争辩的,以上的两个问题几乎是一致的,并且他认为,为了能够理解后面的那个问题,实际上人们在问一个更为广义的问题,即,心理谓词是如何可能的。或者也许一个人也可能考虑究竟斯特劳森的 P 谓词是如何可能的。P 谓词是一组精神的或心理的谓词,"其中每一个都可以被知晓为以这样的方式实例化,即,知晓其以那种方式实例化等同于知晓其能被在一个人自身中实例化"(引文同上)。一个人能够以他人所不能知晓的方式知晓其精神或心理状态。但是不是所有的心理谓词都是 P 谓词。比方说,"是高度智能的"。有人可能认为自己是高度智能的,但是这不意味着其他人不能知晓什么是高度智能,并且,知晓"高度智能"以某种特定的方式被实例化并不必然蕴含着知晓其在自身中被实例化。

　　然而,舒梅克继而作出了一个更为大胆的论断。他写道:

　　　　我认为那些不是 P 谓词的被分类为心理谓词仅仅是因为它们以某种特定的方式与那些是 P 谓词的相关联;比方说,它们只是当那些东西同时被另一些 P 谓词可谓词化的时候本身才是可谓词化的,并且它们中的大部分归结了倾向,这些倾向在其拥有P 谓词中将自身显现。(舒梅克 1968,第 91 页)

基于这样的观点是合理的,为何会有心理谓词这个问题就转向了为何P 谓词是可能的这个问题,并且这再度转向了为何有那些可自我归结的、免于错误识别的谓词。但读者也许可以看到,并不是所有的哲学家都同意说所有的心理谓词以某种方式与 P 谓词关联,并且如果这样的话,他们将不能接受这个问题能够以某种上述的方式被解决这个观点。

　　尽管如此,舒梅克认为有一个问题确实基于为什么 P 谓词是可能的这个问题,也就是,为什么会有第一人称代词这个问题。换句话说,舒梅克试图找出为什么人们应该能够使用意义给予方式独特的第一人称代词,即第一人称代词的意义是被表达式指涉出的那个说出词的说话者这样的规则给予的。舒梅克认为这个问题的回答能够揭示出第一人称代词"作为主体的使用"在哪种特定的意义上比其"作为对象的使用"更具本质基础性。

舒梅克建议读者去想象了一个情境,在其中人们可以说出一种包含第一人称代词但不包含 P 谓词的原初语言。这些人不得不使用斯特劳森称为 M 谓词的谓词。这些 M 谓词并不"蕴含出自于它们被归之于的东西的部分而对意识的占有"(舒梅克 1968,第 91 页)。那也就是说,通过使用 M 谓词,人们的行为并不必然包含其对于那些谓词的自我归结。如舒梅克注意到的:"可能有包含了自我识别的自我归结,仅当有一些不包含自我识别的自我归结时。"①(引文同上)在某些但不是所有情况下,M 谓词诸如"面对一张桌子"可以是自我归结的且不需识别。但是此般的 M 谓词并不足以能够满足描述自我归结发生情境的目的。但 P 谓词不在我们的日常语言当中,因此说话者在他应该能够自我归结那些相应的 P 谓词的情况下,将不得不学会自我归结这些 M 谓词。然而,如此的学习只能在当说话者拥有 P 谓词的词汇情况下才能被达到。

舒梅克在此总结写道"任何能够自我归结任何谓词的人因此展现出他潜在地能够自我归结一些 P 谓词……"(引文同上),并且他认为,之所以在现实中有人不能这么做是因为在他的词汇中有一个可更正的缺失。那么他从这里推至结论说同样的也发生在其他指示性指涉那里。换句话说,任何人如果要正确地使用指示性指涉表达式"这是一个什么什么"都有潜能去以"感知到一个什么什么"这种形式进行 P 谓词的自我归结。

舒梅克认为他所论证的展现了第一人称代词"作为主体使用"的优先性,并且除此之外关于 P 谓词的论证,他也给出了一个关于"身体"的论证。他建议考虑那些第一人称我作为对象的使用最为清晰的案例,也就是,谓词在其中是自我归结的并且是 M 谓词的那些案例。

---

① 这似乎是一个被舒梅克采取的假设。

假设说 φ 是一个 M 谓词。因为说我是 φ 等于是说我的身体是 φ。但有人还是必须得解释什么是"我的身体"。因此有人可以说我的身体是"我从其眼看到的那个身体,当我讲话时,其嘴发出声音的那个身体……",并且这清楚地表明了,所有为了"我的身体"使用第一人称我所作的解释只是将我当作主体的使用。论证表明,"M 谓词是我的,凭借其以一种特定的方式与同属于我的 P 谓词相联结"(舒梅克 1968,第92页)。

总结来看,舒梅克说在哲学家当中有一个趋势是认为第一人称"我"之作为主体的使用神秘莫测因而它不应当指涉任何的东西。然而这是一个错误。之所以那些哲学家认为第一人称"我"不是一个指涉性代词是因为它的使用并不能与其他指示指涉词的使用具有相似性。如舒梅克展现的,尽管这看上去似乎是一个对于第一人称"我"并不指涉任何东西的这一观点的辩护,这将会被以下的事实所驳倒,即"这些其他种类的指涉之所以可能仅仅由于此类的自我指涉,即包含将第一人称'我'当作主体使用的,是可能的"。换句话说,持有反对"我"作为指涉代词观点的哲学家忽略了一个重要事实,即,第一人称"我"作为主体使用所扮演的锚定作用。正如舒梅克争辩道的,每一个人的指涉系统需要一个锚定点,从这个点任何形式的指涉都是可能的,并且此类锚定点是第一人称"我"作为主体的使用,或自我指涉。

3.2 伊万斯的感受性描述

3.2.1 导论

伊万斯(1982)在其论文"自我识别"[①]中争辩,免于错误识别可归因于特定的关于第一人称"我"的信息获得的方式。

伊万斯认为自我意识需要第一人称"我"的判断被一些信息来源直接控制的倾向,以及直接作用在从这些来源获取的信息上的倾向。从这些资源而来的信息不仅作为一种形式性的要素进入意识,同时也

---

① 伊万斯的这篇文章也在 Cassam 的选集 *Self-knowledge* 当中。

构成了自我意识的内容本身。比方说,内省是这样的一个源泉。当我自我意识到或者内省到我处于疼痛之中时,实际情况是,作为一个物理的存在物,我实际上倾向于判断我处于疼痛之中,且拥有这个倾向去回应这个疼痛。换句话说,伊万斯所想的是,自我意识部分性地寓于将某些信息的来源赋予一个人本身的这种倾向性之中。以此种方式,伊万斯以从某些特定源泉获得的一个人身体或物理性的信息来解释自我意识。[①]

在伊万斯看来,这种第一人称"我"的判断是免于错误识别的:

"被一些获取关于我们自己作为物理的和具有空间属性的物的知识的特定方式所控制的判断,是免于错误识别的……与第一人称我之思想相关的那些信息,其产生不依赖于任何论证,或任何识别,但只是简单地构成我们所拥有的第一人称我的观点。"(伊万斯1982,第220页)

有人可能会好奇,当伊万斯说在某些谓词的自我归结的例子中免于错误识别的确是可能的时候,其理由是什么。伊万斯的理由与舒梅克的不同在于伊万斯尤其强调任何自我归结包含将自身考虑为占有一个特定的时间空间点并且这是任何自我识别最为本质基础性的要素这一观点。就像伊万斯在论文里说的那样:

一个本质基础性的关于人的自我认同包含了一个将其考虑为占有这样的空间时间位置的某个人。因此,对于任意的 δt,要知道 $\delta t = I$ 为真意味着什么,就是要去知晓将自己置身于世界的时间空间图中包含着什么。(伊万斯1982,第190页)

这里我们可以看到舒梅克和伊万斯的观点之间的对比。乍一看,似乎舒梅克将自我指涉或自我意识作为所有其他指涉的锚定点,比如说诸如普通物体桌子和椅子的指涉,但伊万斯认为任何自我指涉都预设了一个人实例化任何其他指涉的能力。葛特勒(2011)说伊万斯的观点

[①] 伊万斯的观点对于我而言似乎是一个试图将自我意识的内容还原为物理信息的尝试,这在有些人看来,与康德关于自我意识论述的直接指涉解读似乎矛盾。

在某种程度上与舒梅克的观点恰好相反,因为伊万斯认为自我应该首要地被看作是一个对象,因为它就像每一个在那里的对象一样,就在时间和空间中。似乎对我而言,舒梅克的确认为自我对于任意指向对象的可能性而言都作为一个锚定点而发挥功能,并且伊万斯确实强调说在感知到某人的立场和与其他对象的关系时,识别本身包含着将一个人看作是占有空间时间位置的,但这并不意味着伊万斯的观点必然与舒梅克的观点相悖。

为了能够解释在使用 P 谓词时第一人称"我"的使用免于错误识别的原因,舒梅克认为那些 P 谓词的实例化寓于其在人自身中的实例化。伊万斯也解释了类似的现象,他认为其原因在于,一个人获得有关第一人称"我"的信息的方式决定了信息性的内容免于错误识别。伊万斯的意思是,如果信息是被人以普通方式获取的话,那么问"风在吹一个人的头发,但是是在吹我的头发吗?"这种问题就是没有意义的。那是因为,正如伊万斯理解的,如果在普通条件下一个人会知晓一个谓词被实例化,那么他就不需要额外的行为来识别是不是自己实例化了这个谓词。

进而,伊万斯争辩在自我意识中,不仅仅是诸如"在疼痛之中"或"在痒"这样的精神性谓词能够免于错误识别,一些有关人的位置和人与其他对象之间关系的物理性谓词也被认为是以一种免于错误识别的方式被实例化的。

然而在我看来,当争辩以上这些观点的时候,伊万斯并不能就此击败舒梅克的观点。这是因为,舒梅克企图论证的是第一人称"我"作为主体的使用有着一种优先性,而这仅仅是因为它能够引发免于错误识别的特性。并且,伊万斯也仅仅将舒梅克的观点的应用从精神谓词扩展到有关人的位置和与其他对象之关系的那些既包含精神谓词又包含一些物理谓词之上去。

有人还是记得舒梅克的策略,也就是,他认为一些哲学家之所以认为第一人称"我"并不能指向任何东西是因为他们认为第一人称"我"的使用并不能类同其他代词,比方说指示词。舒梅克随后论证说第一人称"我"作为主体的使用与其他代词的使用之所以不同是有原因的,而这一点可以在免于错误识别的现象中看得出来。舒梅克的解释是自我意识的模型不像知觉模型,在知觉模型里面自我可以被看作一个对象。换句话说,在自我意识中自我的特殊地位决定了免于错误识别的独特现象,并且这并不必然意味着第一人称"我"不是一个指涉性代词,因为自我指涉的方式与其他代词指涉的方式不同。

伊万斯并没有明显地讨论为什么他认为我作为主体的使用先于其他指涉代词的使用,但是他在某种程度上将舒梅克论证的推进到了更远处。在我看来,伊万斯心中持有的信念是第一人称我作为主体的使用是免于错误识别的,然后他进一步论证说这一现象的理由是第一人称"我"不能仅仅是一个笛卡尔式的思维物,而是一个既具有精神性又具有物理性质的物。伊万斯争辩说既然精神性谓词和有些物理性谓词的自我归结都是免于错误识别的,这意味着第一人称"我"不仅仅是一个思维的物,否则的话免于错误识别就不能适用于物理性谓词的自我归结案例了。

3.2.2 伊万斯论不作为一个思维物的第一人称"我"

3.2.2.1 对即将讨论内容的一些预先澄清

伊万斯在其论文的开头声明,他并不意图解决究竟自我意识如何一劳永逸地可能这个问题,那是因为他认为:

> 如果没有对于精神性谓词的自我归结的理解,就没有完整的对于自我识别的理解;如果没有对于那些谓词重要性的描述,没有对于心灵的一个描述,就没有充分的对于精神性谓词的自我归结的充分理解。(伊万斯1982,第184页)

这也就是说,最终,我们关于自我识别所能知晓的不得不诉诸我们关于心灵所能知晓的。然而,最终,我们还是不能给出一个关于心灵的描述。但这并不影响这样的一个事实,即,如果我们关于精神性谓词的自我归结道出些什么,那么我们也就能够说出一些关于自我识别的东西来。在这里我认为伊万斯和舒梅克在澄清究竟精神性谓词何以可能的重要性上达成了一致。

伊万斯认为一般性的指涉理论并不能简单地将自我认同的问题一带而过。换句话说，识别的模式不能被认为是随意符合任意一个框架，伊万斯觉得比较明智的选择是去检查自我识别本身，希望从中可以找到启发关于一般性识别诸模式的见解。伊万斯在导论中将他的观点作了清楚的阐述，他写道，第一人称"我"的思想与"这儿"的思想和"这个"的思想具有相同的一般特性。

伊万斯接着解释为什么他要坚持在第一人称"我"的思想、"这儿"的思想和"这个"的思想之间具有相似性。伊万斯从开始就讨论为什么我们对于第一人称"我"之思想产生兴趣。第一人称"我"之思想的神秘性在于有这么一些思想仅仅能够被第一人称代词所表达。比方说，当俄狄浦斯认为杀死拉伊俄斯的凶手应该被杀死，他实际上并不认为他自己是具有"自我意识地"这么做的，而是因为他并没有意识到他自己其实才是杀害拉伊俄斯的凶手。因此问题在于，对于俄狄浦斯而言，思考他自己是杀死拉伊俄斯的凶手到底意味着什么？如果其思想类似于"φ 是杀死拉伊俄斯的凶手"，那么如果 φ 是任何一个描述性概念，就没有什么帮助，因为没有任何描述性概念能带来真正的第一人称意识。究竟有多少正确的描述应该给予俄狄浦斯这一点不大重要，因为俄狄浦斯能知道自己就是杀死拉伊俄斯的凶手，即使这是在关于俄狄浦斯这个人一无所知的情况下。

作为对于俄狄浦斯这个例子的总结，伊万斯认为如果一个人想要知晓对于俄狄浦斯而言去意识到他自己就是杀死拉伊俄斯的凶手意味着什么，那么有两点需要被着重处理。伊万斯认为我们应该从自我意识的实现中期待两个重要的结论：

> 首先，俄狄浦斯必须能够领会他所拥有（就如同其他每个人一样）的众多关于获取自身知识的诸方式与类似形式是"拉伊俄斯的杀害者是 F"这样命题之间的关联性。其次，俄狄浦斯必须

能够意识到如何才能够基于类似"拉伊俄斯的杀害者是 F"这种形式的命题而行动。(伊万斯 1982,第 185 页)

这具有洞见性但一眼看上去却难以理解。简言之,在伊万斯看来,第一个要点是在说一个人关于其自身的观念应该包含了一些要素,这些要素包含了对于某些特定信息的思维敏感性,并且也包括了那些包含思维在行动中得以彰显的诸方式的要素。比方说,如果俄狄浦斯意识到拉伊俄斯的杀害者是他本人,他将会能够意识到两个东西之间的关联性,即,在他知晓他自身的方式和命题"拉伊俄斯的杀害者是 F"这两者之间。进而,俄狄浦斯也不得不意识到,如果他不想仅仅因为他是拉伊俄斯的杀害者而被抓住,那么他应该逃跑,并且这就是行为要去需要的东西。这显示了描述不能产生真正的第一人称自我意识,并且自我意识在某种程度上是不可还原的。

然而,这并不是说,在"我"之思想、"这儿"的思想以及"这个"的思想之间没有什么差异性。关键性的区分在于:

我们对于我们自身状态敏感的两种方式都既多变且比我们之于那些构成我们关于"这儿"观念之地点的敏感性更为复杂。(伊万斯,第 186 页)

这也就是说关于我们自己,我们拥有众多获得知识的方式。因此"我"之思想依赖于关于我们的信息获取的方式。我们应当看到这是伊万斯在其论文中强调的一个重要的论点。

除去谈到信息源泉多样性的差异之外,还有一些其他的差异。"我"之思想依赖于我们在记忆中储存的知识的方式也是很独特的,因为"这儿"之思想并不依赖于任何记忆或者依赖于我们过去状态之一。伊万斯指出这里最为重要的特征是,第一人称"我"的本质是自我指涉的,这意味着"我"之思想是思维主体在其中并且/或行动在其中思考其自身的那种思想。在伊万斯的表述中,关键的差别在这:

事实的确是我在行动中彰显了我的有着自我意识的思想，类似于"这儿"的思想；但我彰显它，不在于知晓要基于哪个对象而行动，而是仅仅知晓在行动这件事。（伊万斯 1982，第 186 页）

经由以上这句，伊万斯清楚表明了他认为"我"的思想所彰显的方式与"这儿"思想和"这个"思想是完全不同的。我的自我意识并不经由我在行动中基于一个对象的行动而被展现出来，而是就在行为本身之中。①

然而，究竟什么才是"在行动中……知晓"？用另一种表述方式，伊万斯说当他这么说的时候，他想要表达的意思是，如果我有自我意识，或者我的"我"之思想被彰显了，那么"我就不仅仅拥有关于我自身的知识，就像我了解一个地方那样：而是，我拥有我自己作为那个拥有这一知识并且作出这一判断的人——这判断也包含那些我关于我自身作出的判断——的知识"（引文同上）。换句话说，我拥有关于一张桌子或一把椅子的知识的方式与我获取关于自身知识的方式，是很不一样的，并且这种区别貌似是被这样一个事实导致的，即，我才是作出关于我自身判断的那个人，这样自我指涉才是独一无二的，因为是我指涉了那个我。很多哲学家将这当作一个难题，因为他们认为自我指涉包含了一个恶性循环。②

进而，伊万斯认为有一个观念需要被解释清楚。这个观念将"我"仅仅当作是沟通性的手段，当一个人思考其之时本身并不在人的心中产生带有任何内容的观念。这样的观念被基奇和斯特劳森所支持，但被伊万斯拒斥。在伊万斯看来，代词"我"能够产生一个富于内容的观

---

① 这样的观点让我想到萨特。萨特认为在前反思的意识当中，不存在关于第一人称"我"的位置性的或主题性的意识，且第一人称"我"是在意识的第二层次即反思性意识的层面被插入到意识当中去的。这里我认为伊万斯给出了一个关于思维之对象的类似观点，因为他认为在"我"之思维的彰显之中，那一对象并没有外显性地被知晓，外显性地被知晓的只不过是行为本身罢了。

② 如果需要更多解释，请参看斯坦福哲学百科的相关参考条目：http://plato.stanford.edu/entries/self-reference。

念,并且不仅仅是为了言语方便而使用的沟通性手段。哲学家们诸如基奇和斯特劳森持有这种观点的原因是他们认为当一个人说出"我"的时候,他使用这个代词仅仅是为了告诉他人一些关于其自身的事实,且实际上没有必要让一个人去告诉他自己关于其自身的事实。比如说,如果我处于疼痛之中,那么如果我说"那里疼"比"我疼"更合适一些;斯特劳森建议说如果有人使用第一人称代词诸如"我处于疼痛之中"的话,那仅仅是为了告诉他人这一事实。

如伊万斯所指出的,在基奇和斯特劳森的观点当中有一个错误,也就是,他们的观点似乎蕴含这样一个观点,即在沟通性的语境之外并没有对于对象的思维。当"我"被用作沟通目的的时候,它的使用包含着指涉,这包含着使得他人对思考这个意图的对象。因此思考本身被包含在这样的沟通性行为当中。然而,这并不能显示出思考本身不能发生在沟通性语境之外。

尽管我们已经看到如此多的关于"我"之思想独特性的众多观念,它们并不足以构建一个关于自我意识的系统性的论述。原因可能是,我们在一个人在其内心关于自身所感受到的这方面关注太多。伊万斯认为,"只有我们聚焦于那些一个人可能基于获取知识的相关方式来做出关于其自身的判断的时候,不充分性才不会惊到我们。"(伊万斯 1982,第 187 页)这也就是说,一个人关于自身的知识可以被他感受到的东西或他用来决定什么是其思想或行动之基础的能力所耗竭。然而,幸运的是,一个人关于其自身的知识并不完全是"理性型的",这也就是说,我能够完美地把握住那些描述我的命题,即使我不能自己做出这些判断。比方说,我能够把握我过去是母乳喂养的这一思想尽管我可能并没有什么记忆可以去诉诸。

作为总结而言,或者较为理论地表述,"我们关于自身的思考与一致性约束相顺应"(引文同上)。简言之,《指涉之多样性》这部书的编者注意到伊万斯使用"一般性限制"试图表达的是"如果一个主体不能被归之于 a 是 F 这一思想,那么他必须拥有概念性资源去满足 a 是 G 这一思想,而他关于 G 作为属性的事物拥有概念化理解"(《指涉之多样性》,第 104 页,麦克道威尔编)。伊万斯本人的解释是,一个人的自我认知必须超越由他所能达到的信息资源和行动资源,这样的话他就能够得以知晓诸如形式是"I＝δt"的关于其自身的判断是正确的。

在公式[I＝δt]当中,δt 是关于普通类型的同一或识别,也就是说,并不是那一个自我识别,但却是一类识别对于某个他人是可得的。这也是对于某人要理解一个类似于像"δ 死了","δ 是母乳喂养的"等等这类命题的基础性条件。并且当此类的理解与一个人关于其自身的理解相关联的时候,他才能够理解对于自身而言去满足这些谓词或自我归结这些谓词意味着什么。

在伊万斯看来,他关于"我"之观念的命题与斯特劳森关于意识之属性的观念(或概念)的坚持有着一种相似性。斯特劳森坚持认为,任何人如果试图把握作为 F 的概念必须能够去理解任意命题"a 是 F"为真意味着什么(a 是主体关于对象的观念)。伊万斯认为这是在说,一般性限制要求人去将"a 是 F"看作居于两系列思维的交叉之处。一个系列是"a 是 G,a 是 H,并且……",另一个系列是"b 是 F,c 是 F,d 是 F……"伊万斯认为既然斯特劳森已然探究了一种一般性的结果,那么他将试图在论文中着重处理另一个。

一般而言,伊万斯试图倡导的是这样一个观点,"我"之思维并不局限于那些单纯从主体角度出发的关于"事态"的思想。这并不是说在诸如"我将要死去"和"伊万斯将要死去"这两个判断之间没有区分。在"φ 是 F"和"我是 F"这两个命题之间当然有区别。这当然也不是说当我把握了命题"我是 F"的时候,我是以同样的方式来把握"φ 是 F"的,而只是说在我的自我意识当中,关于他人的基本水平的思维或至少一个一般性的思维是基础或是核心部分。然而,为了能够产生诸如"我死了"这一思想,仅仅意识到"φ 是 F"是不够的,还需要在心里思考"φ 是我"为真意味着什么。总结来看,我关于我自己的思维或意识确实满足了"一般性限制",因为这样的事实"我能使得将一个人识别为我自己这件事合情合理,从一种外部世界的客观角度来构想"(伊万斯

1982，第 189 页）。

我在后面的论文中将要提到，伊万斯的论证与卡斯特内尔达关于自我意识的观点具有某种相似性。对于卡斯特内尔达来说，自我意识基于对于对象的意识，也就是，自我意识可以通过从一种客观的角度来将思维的主体与第一人称我的识别来达到。然而，乍看上去，康德和舒梅克似乎在建议说，第一人称我并不需要额外的识别。我将会进一步论证说，事实上，舒梅克和康德都不会持有这样的观点。简言之，康德仅仅建议对于先验自我的指涉不需要额外的经验性的识别行为，并且舒梅克仅仅认为第一人称我作为主体的使用先于它的其他使用。舒梅克并不认为在所有的情况下第一人称我的使用都免于错误识别。

然而，有一些哲学家怀疑我们是否会知道对于这样的识别为真究竟意味着什么。比方说，托马斯·内格尔认为在主观和客观之间有一个不可逾越的鸿沟。在伊万斯的处理当中，这一鸿沟居于"在思维的基础阶段被形成的关于人和对象的命题，以及那些被诸如'我'、'这里'和'这个'这些观念所形成的命题"（引文同上）。①

内格尔认为没法找到识别同一等式[$\delta = I$]为真意味着什么。然而，伊万斯认为他已经获得了这里的诀窍，并且这能够被以下这一事实所展现出来，即，当我们构想人的时候，人们总是经由"分辨其他物理种类的同种类之间区别的本质性基础，以及对于一个人的本质性识别包含了一个将其看作是占据了诸如此类的空间时间位置的这样一个考虑"（伊万斯 1982，第 190 页）来区分彼此。这也就是说，用来分辨物理对象的标准同时也适用于人，因此关于一个人的最为基本的识别包含了一个将其作为占有个别时间空间位置的人的认知。在伊万斯看来，同一命题将会对于主体如何构想其自身的直接环境有所影响，但它不会影响究竟关于世界的时间空间地图是如何被构想的。内格尔关于我们不能以非索引词来细化使得同一命题为真意味着什么这

---

① 似乎伊万斯受到了斯特劳森思想的很大影响，尤其是来自于斯特劳森作品《个体》（Individuals）的影响。

一点是绝对正确的。然而,这并不必然意味着,任何真的命题都能以索引词来表象①。内格尔关于同一性命题诸如[我是 δt]不是客观为真的观点也许能够被正当化,如果我们将"真"从永恒性的角度理解的话。如果"客观的"意味着"能够被任何人所把握"的话,那么如此这般的同一就确实不大客观,因为这一同一命题只能够被那个形成它的人所确认。

然而,内格尔错误的地方在于他认为"我们并不真的理解究竟与那些被构想为客观空间时间框架之部分的诸对象相同一是什么意思"(伊万斯 1982,第 190 页)。内格尔的建议是我们并不需要真的知晓究竟与那些被看做是占有时间空间位置的对象相同一是怎么回事。伊万斯的理由在于,如果内格尔关于在"主观的"与"客观的"之间的不可逾越的区分是正确的话,那么我们关于自身的思考将会违反一般性限制。在伊万斯看来,这样的结果便是,我们不得不采取一个关于自我的理念性概念,这就等于说是"我"并不指涉任何东西。②

伊万斯所建议的是,在"主观的"与"客观的"之间并没有不可逾越的鸿沟,因为两方面是互相依赖。关于一个人的思想"需要对这个与世界的'客观性'思想链接的可理解性"(伊万斯 1982,第 190 页),并且反过来也是这样。如果一个人不能理解他自身在世界某处的这一事实可以用于其把握"客观的"世界,那么他甚至不能理解所谓"客观的"世界。伊万斯认为:"如果一个东西能够被当做地图的话,它才有可能可以作为认知地图,除非这样理解的世界本身,以及地图化了的世界,能够被同一。"(引文同上)这样就是说,如果没有一个将世界作为自己置于其中的属于自身的世界来作前同一化的话,世界本身不能为了锚定"客观的"事物目的而被当作地图。

需要注意的是,伊万斯关于"自我"必须首先被当做一个对象的观点,不该被理解为似乎他是在强调由于"客观的"优于"主观的"从而这两者之间有一个清晰的界限。读者应该能够看到,伊万斯本人也反对

---

① 使用亚里士多德式三段论的话,将能看到这里的谬误。

② 安斯康姆(G. E. Anscombe)在其"The First Person"中持有这种观点。

这个区分,他认为在这两者之间的鸿沟是可疑的。当葛特勒(2011)讨论伊万斯的观点时,她比较了伊万斯和舒梅克的观点,并似乎在暗示伊万斯强调的是"我"作为对象的使用而舒梅克强调的是其作为主体的使用。我认为实际上这两个人都不持有葛特勒赋予他们的观点。简言之,舒梅克仅仅试图指出那些认为"我"并不指涉任何物的人实则拥有一个站不住脚的假设,而这一假设应当被拒斥;而伊万斯强调的是,任何能够理解"我"不指涉任何物而只是指涉自身的人都必须能够识别出使得做出这一断言得以可能的相关经验。也就是,舒梅克和伊万斯不会就究竟"我"是个主体还是对象这一问题而争论不休。

伊万斯认为,在我们关于"我"、"那里"或"这里"的观点的表述结构当中没有什么本质性的区分。比方说,一个人关于其自身的自我意识性的思想必须能够被主体能够以多种方式获得的消息所补充,且这也适用于一个人关于其外部对象的知识,因为诸如此般的知识也必须以多种他观察这一对象的方式收集所有可获取的信息。

然而,正如伊万斯注意到的,即使在以下的事实上没有所谓的一致意见"在对于一个人的自我意识般的思考以及以一种可能被特定种类的、一个人能够获取关于自身的证据或信息所知会的方式来思考之间,有着一种联系"(伊万斯 1982,第 191 页),但不清楚的是,究竟何种证据或信息才是相关的。那些认为自我意识性的思想独一无二的人采取了一个假设,即,自我意识性的思想是仅仅有关一个人的精神状态的。在伊万斯看来,这个假设不对。

伊万斯认为自我意识的本质是自我指涉。换句话说,当一个人谈论自我意识的时候,他必须点明在何种意义上有一个思考行为在被判断的主体作出以及是如何关于判断的主体的。伊万斯认为这意味着除非我们要建立一个模型,在其中主体基于自身就能提供其思想的判断,否则的话,自我意识就不能被澄清。我们究竟做了多少来试图将自我意识与我们关于代词"我"的使用相关联,这一点并不重要。问题在于,我们还是要面对一个怀疑性的挑战,即,究竟如何确定当使用"我"的时候,主体在指向他自身而不是其他人呢?

我认为如果一个人试图发展出一个可站得住脚的自我意识的模型，那么以上的问题就是值得重视的。伊万斯认为难以找出为什么在一个自我意识性的思想当中，主体不得不将其自身思考为思想的作者或者拥有者，并且他认为这样的观点绝大部分是不可理解的。相反他认为自我意识性的思想应当被看作依赖于我们获取作为物理物的自身知识的诸多方式。换句话说，伊万斯持有的观点是，自我指涉是不可理解的，除非有人能够将自我意识性的思想看作依赖于一个人关于其自身作为对象性的和物理性质的物的知识。这里伊万斯同时暗示如果在精神性的和物理性的事物之间具有某种区分的话，那么这一区分也可以在自我意识这一个案中被模糊化处理，因为我们关于自身的观点是精神性的但又不得不依赖于我们作为物理事物的体验。

伊万斯接着指出他需要在澄清获得关于我们自身知识的方式之前强调一个错误。背景在于直到现在，伊万斯谈论自我意识的时候就如同他认为思想的主体和主体的同一性已然被确定是理所当然似的。

当我们考虑自我同一的时候，如果我们假设事物如同以下这样的话并没有什么大错——"主体倾向于认为这样或那样的信息与诸如此般的一个思想具有亲缘性"（伊万斯1982，第192页）。然而，在伊万斯看来，我们必须意识到我们在做什么。换句话说，我们不应该仅仅认为思想的主体的同一性被确认这件事是理所当然的。如果只是做了伊万斯已经做过的事，那也只不过是将主体在时间中的同一性带入了主体境遇的描述当中。也许能够得到这样的印象，即，主体似乎拥有关于这一同一性的不可错的知识。然而，能够得到的仅仅是表象，并且表象，在伊万斯看来，"仅仅是我们描述情境的方式的人工造物"（引文同上）。换句话说，表象仅仅展现出我们如何描述同一性，而不是在同一性中包含了什么。

伊万斯给出了两个例子来展示他的论证所反对的究竟是什么。第一个例子来自安斯康姆（G. E. Anscombe）。在她的论文《第一人称》当中，安斯康姆认为代词"我"并不能指涉任何东西。在伊万斯的诠释当中,安斯康姆"观察到主体不可能经由众多他在时间流逝中所作出的'我'的识别而识别出不同的事物"(引文同上),安斯康姆关于正确性的逻辑保证较为怀疑。诸如此般的正确性,能够被存在着"未被注意到的替代"的这种观点所展示出来,也就是说,当一个人不在识别同一个东西的时候,他不会认为自己在这么做。在有些人看来,这并不对应于对象识别中的东西,而毋宁却是对应主体识别中的东西。这也在某种程度上使得安斯康姆的思想成为可能,即自我不是一个对象且自我意识的思想根本无关对象。

然而,在伊万斯看来,安斯康姆犯了个错误。这一正确性的逻辑保证由安斯康姆描述情境的方式而产生出来,而不是关乎自我。它仅仅在陈述,基于有一个主体的情况下,这一主体本身在众多时间有着众多的思想。伊万斯认为这等同于是在说"这其实是个同义反复:如果这样描述情境是正确的话,那么自我识别就是关于同一自我的所有识别"(引文同上),并且似乎很清楚的是这并不能证明关于自我的任何东西。

伊万斯讨论的第二个例子是一些哲学家认为主体可以关于自身事务的未来状态中包含些什么拥有不可错的知识。有人也许能够说出类似这样的句子:"主体关于在关于其自身事务的未来状态中包含些什么的知识可能依赖于其能力,当时机到来,从而决定是否那一事务状态包含了。"(伊万斯 1982,第 193 页)但这还不是去说在时间 t1 和时间 t2 的主体能够被同一。

我个人的解读与伊万斯在其著作第 192 页第 15 个注释处的观点较为一致。他写道:"我认为康德可能意识到了这一现象,程度大概与那些依赖于记忆的相仿,他在第三谬误推理中,关于'我的逻辑同一性'所道出的表明了这一点。"[①](伊万斯 1982,第 192 页,注释 15)于我而言似乎康德所言的与伊万斯在此处强调的颇为兼容或甚至相似,也就是这样一个观点:自我同一之所以被当作是理所当然的并不是基

---

① CPR,A363.

于某些实质性的事实,但却基于将我们放入经验当中去的东西当作是在经验中包含的东西。①

伊万斯所做的事情并不是去否认在先前尝试之中的合理性。仅仅作为一个对于未来状态的描述的话,这个观点是合理的。正如伊万斯在脚注里面写到的②,他的意图并不在于拒绝无标准的对于期待属性的自我归结。他试图反对的是这是一个同一性假设的逻辑保证。这不能展示的是,仅仅通过期待未来的情境,一个主体可以拥有完整的关于将其包含在内的未来事务状态究竟是什么样子的知识。然而,这却能够展示"它预设了在时刻 t 存在的以及'记住了'前述假设的主体就是那个作出假设的人,并且也是这个假设所关涉的那个人"(伊万斯 1982,第 193 页)。然而,这样的主题并不能拥有真正的逻辑保证。

3.2.2.2 免于错误识别

先前伊万斯提到"我"的使用与"这里"、"这个"具有某种程度的相似性。在这一节里,伊万斯进而建议"这里"的使用与"我"的使用具有更高程度的相似性。相似性在于,当一个主体思索诸如"这里"的一个地方时,他不需要从中推出任何的信息,而当一个主体被包含在自我意识性的思想当中时,他也不需要从中推出任何关于他自身的信息。

伊万斯试图强调的是主体被包含在自我意识性思想当中的方式。伊万斯在其著作中③关于"这里"有一个明确的观点,凭借此伊万斯认为"我"的指涉也不能在主体关于其自身如何获知信息的诸方式缺失的情况下被解释。因此,一个人可以失忆了或被麻醉了,但他仍然能够思考为什么他不是在以惯常的方式在接受信息。经由这个例子伊万斯试图展示,为了理解自我意识,很重要的是去审视那些主体拥有的关于如何知晓那些包含在自我意识性思想当中信息的诸种方式。伊万斯论证道:"这很重要,即,如果主体自我意识性地思考其自身,那么他就倾向于拥有那些可能对于他而言在每个相关的方式上都可得

---

① 也请参见我在第二章中给出的关于克切论先验辩证论的部分。

② 参见 Evan(1982),注 18,p. 193,在 Cassam 的选集 Self-knowledge 当中。

③ 参见 The Variety of Reference, edited by John Mcdowell。

的信息所控制的思考活动"(伊万斯 1982,第 194 页)。换句话说,伊万斯认为一个主体的自我意识在于其思考活动容易被特定可得信息控制的倾向当中。

进而,伊万斯认为"每一个我们获取关于自我的知识的方式导致产生那些展现出'免于错误识别'的判断"(引文同上)。另外一个需要注意的是,伊万斯并不简单地认为自我意识或者自我意识性的思想免于错误识别,而是那些获得自我意识性知识的诸种方式导致了"免于错误识别"的特性。在伊万斯看来,问"有人似乎看见了红色的东西,但究竟是谁似乎看见了红色东西呢"这种问题是没有意义的。理由在于伊万斯认为如果有人作出"有人似乎看见红色的东西"这样的判断,那么这个判断必须被归于这个命题的陈述者。然而,此类规则的适用其实是有个限制条件的。换句话说,有三个条件需要被满足。(1)第一个成分要能够表达出主体关于其自身状态的知识;(2)诸如此般的知识对于主体而言在一种普通的意义上是可获得的;(3)这样的知识不可能被他当作是从其他方式也能够获得的。如果以上三个条件都满足的话,那么在伊万斯看来,就没有理由认为为何有人会说出类似"有人的腿是交叉着放的,但那是我的腿交叉放着的吗"这样的问题来。如果这个人以普通的方式获取关于其自身交叉双腿的知识的话,也就是从第一人称视角出发,但如果从第三人称视角出发,那么的确说出类似"有人的腿是交叉放着的,但是那是我在交叉放置自己的腿吗"这种问题就是可理解的。

然而,在伊万斯看来,很多哲学家认为只有我们关于精神性谓词满足的知识才能导致产生那些展现出免于错误识别特征的判断。此种观点意味着我们关于自身的知识仅仅将自身考虑为精神性的而没有考虑我们的物理维度。这进一步暗示的是这样一个不幸的观点,即在思考我们自身时,我们循规蹈矩地将自身看作是那些精神属性的携带者,而这敞开了一种可能性,即我们除了是心灵或思维的事物之外,什么都不是。

为了去除这种印象,伊万斯建议我们回到维特根斯坦那里去看一看是否一些澄清能够帮助到我们。维特根斯坦似乎作出了一个错误结论，即他认为单词"我"不能被用来指涉任何的个别对象，并且，如伊万斯所认为的，这的确是一个错误。伊万斯指出，在其著作《指涉的多样性》(6.6)当中，他已然论证说"免于错误识别是指示代词最为直接的结果；它无论如何都会存在，不管一个主体关于其对象的观念是否依赖于其获取关于其知识的方式"(伊万斯 1982，第 196 页)。基于这一结论，如果维特根斯坦也接受存有所谓免于错误识别，那么他必须承认指示性同一化，从而使得他承认对象的指涉，因为指示性同一化也是一种思想关涉其对象的方式。

进而，伊万斯认为必须要澄清什么是"同一化"。他认为所谓"同一化"可以在两种意义上被理解。第一种在"指示性同一化"呈现得很清楚。第二种能够在那些包含了同一化成分的思想中看到，也就是，能在那些在某种意义上依赖于同一化的思想中看得到。如果一个人从没有同一化这一事实的第二个意义上直接跳到结论说没有第一个意义上的同一化的话，那么这是不能被正当化的。在伊万斯看来，维特根斯坦并没有意识到这种区分，并且因此也避免不了这类错误。

维特根斯坦关于例子"风在吹我的头发"的处理导致产生了普遍的一个信念，即认为免于错误识别的现象并不适用于物理属性的自我归结。在伊万斯看来，"存在着一种方式可以知晓 A 的头发被风吹起这一属性是否当前被实例化，从而，当第一个成分表达出知识是以这种方式被获取的时候，表达式'风在吹起某人的头发，但风正在吹起的那是我的头发吗？'不可理解"(引文同上)。维特根斯坦走偏了的原因是他不能够意识到这一事实："免于错误识别的这一属性不是那个适用于更简单命题的属性，而是那个只能适用于基于这个或那个基础作出的判断。"(引文同上)换句话说，维特根斯坦并没有意识到真正使得免于错误识别的属性实例化的真正原因。我们需要理解的是真正重要的东西是属性适用的基础，而不是是否这一属性是精神性的还是物理性的。

但伊万斯还是建议说也许维特根斯坦关心的是一个不同的命题，

即，他并没有去追问究竟是否有这样一种方式知晓有人实例化了那个产生免于错误识别的属性，而是追问是否有一种方式可以知晓其反面。换句话说，维特根斯坦也许诉诸那种情境，在其中可能有人发现他自己的手臂弯曲了然而他并未意识到那是自己的手臂。

然而，似乎并没有充分的证据支持这一对于维特根斯坦的解读。维特根斯坦写道："第一范畴的案例包含了对于个别人的识别，且在这些案例当中有着错误的可能性，或者我应该这么表述；错误的可能性能够被允许。"（正如伊万斯从《蓝皮书与棕皮书》中引的，英文剑桥版1957年，第66—67页）伊万斯认为这并不仅仅展现出命题的范畴能以被包含的谓词而被识别，或者独立于识别谓词实例化的方式来被识别。换句话说，特定种类的谓词标示出那些免于错误识别的命题这一点不是事实，而是谓词被实例化的方式决定了是否被产生的命题能够免于错误识别。

更甚，伊万斯认为人们并不能够认为在一种绝对的意义上，免于错误识别也同时适用于精神谓词，至少不是在维特根斯坦想的那种自我归结的意义上，维特根斯坦想的这些仅仅包含类似于"我看见了什么什么"或者"我听见了什么什么"。

伊万斯写道：

> 非常重要的是，我们的"我"之观念是如此这般的以至于那些被特定获取我们自身作为物理与空间性事物的知识的方式都是免于错误识别的；并且由此关于"我"的相关信息的产生——这些思想不是基于论证或者同一化，而仅仅是因为我们有着一个"我"的观念。（获取我们自身知识的诸种方式必须进入我们"我"之观念的功能性描述的信息化组分当中的这一事实——即关于自我意识性地思考自身意味着什么的这一部分——才是笛卡尔式自我概念化的最强有力的解药。）（伊万斯1982，第198页）

在这一段里面，伊万斯认为尽管有一些关于"我"之观念的命题是免于错误识别且包含在"我"之观念中的相关信息不需要任何论证或额外同一化,这些命题富于那些经由我们自身作为具有空间时间属性的事物而获取的信息,事实却是这些信息凭借其自身构建了我们的"我"之观念。因此有必要强调那些我们获取关于自身信息的方式。进而,伊万斯认为我们需要注重的这些方式必须被当作是构成"我"之观念的信息化组分。并且此种研究自我意识的方式被伊万斯当作是最好的反对笛卡尔式自我观的方法,在笛卡尔那里所谓自我不过是一个纯粹的思考主体。

伊万斯认为下一个任务是去更准确地研究那些我们获得关于自身的知识的方式,而这些知识是"我"之思想依赖的基础。他在精神和物理两个方面展示了,究竟自我知识是如何达至的。他还特意强调了这两个方面是人为地分开的。

3.2.2.3　身体性的自我归结

概括而言,伊万斯试图展现一个人获取其自身知识的两种方式,从而自我知识能够免于错误识别。

有一些能力使得我们能够感知自己的身体,并且此种知觉导致产生了那些免于错误识别的判断。比方说,命题"有人的腿是交叉着放的,但那是我的腿交叉放着吗?"根本是不知所云的,如果我以一种正常的方式获知自己是否交叉叠放自己的腿的知识的话。换句话说,伊万斯强调的是,似乎在"主体以一种合适的方式拥有关于属性 F 被实例化的信息(或似乎拥有信息)与他拥有他是 F 这一信息(或似乎拥有这一信息)"之间没有差别。(伊万斯 1982,第 198 页)这也就是说,在此类情境下,一个人关于 F 被实例化的知识与一个人知晓他自身是 F 是一回事。

有人也许会反对说这不对,并且论争说[我是 F]应当被看作是[b 是 F]与[我是 b]的联结。伊万斯认为持有这样的观点将会导向困境。此种类型的联结,从另一方面来看,可以发生在特殊的情境中,这一特殊情境中的因果链是偏离的,也就意味着主体的大脑与某个人的身体相连。但这样的案例仅仅展示出在不寻常的环境里有错误的可能。

它并不能揭示所有那些普通的判断不得不依赖于识别或同一。

伊万斯给出了其理由来捍卫其自身的观点从而反对以上观点。首先,认为运动知觉的本体感觉的系统帮助获得关于身体条件的知识但是并不与身体同一相关联,这显得很不合理。换句话说,如果有人并不知道他自身的腿但却经由运动知觉和本体感觉系统而弯曲,那么他关于这个系统一无所知。他的运动知觉和本体感觉系统的正常作用决定了他能够确实经由系统知晓他是 F,如果他能够知道 F 被实例化的话。

其次,如果假设的同一化确实需要,那么就得看看在同一化部分里面必须包含的观点当中也有一些问题。为了知晓[我是 F],需要确认[我是 b]以及[b 是 F]。但是假设的观念 b 是充分的,仅当它包含了那些使得同一化目的显得充分的描述,比方说,"我从其中得到信息的那个身体"这样的描述。伊万斯也注意到,这种类型的描述将会很容易被识别,如果一个人居于异常环境中而不是正常环境的话。原因在于,在正常环境里,不可能有人能够分辨得出 b 作为一个要素。进而,如果我们关于自身的观念为此种类型的同一化成分留有空间的话,这意味着所有的物理性自我归结都必须包含论证或同一化,那么究竟自我作为物理存在物的同一化是如何可能的就不清楚了。

这里我们需要做一些解释来看看为什么是如此的情况,也就是,为什么同一化成分的空间会毁掉将自我作为一个物理对象同一化的可能性。为什么不能是另外的情况,即,有着同一化成分的空间同时也存在着免于识别的作为物理存在物的自我归结?问题可能在于非常难以知晓究竟一个人应该在哪里划出这条线。然而,有人也许能看到,伊万斯讲的是这个:"也就是,如果他们并不拥有这类物理性自我归结的合法性,在不需要论证或同一化的情况下,<u>集成在基础之中</u>……"(伊万斯 1982,第 199 页,下划线强调是我加的)伊万斯强调的是那些免于识别的物理性的自我识别,不得不建立在自我知识结构的基础上,并且我们需要意识到这并不是去论争说必须有排他性的物理性的自我归结可以免于错误识别。

同时,我们获取有关自身物理性质知识的方式也产生了一些与自我知识相关的重要事实。伊万斯注意到维特根斯坦也意识到此类自我知识置于我们关于自身概念化的重要性。对于维特根斯坦来说,此类的重要性可以从关于自我的形而上学论述中看得出来,在这种形而上学论述当中,自我被看作是感知世界的源头。此种获得知识的方式很常见,且在我们日常生活中非常地有用。此类经验包含了诸如通过感知和识别出房间的内容从而知晓一个人是否在其卧室当中,以及通过看见窗外飞驰而过的一切而判断一个人是在行进的火车上。有读者也许可以看出,在这种情况下当有人说"有些人正在火车里移动,但是是我在移动吗"这种问题的时候也是不合理的,原因在于我经由感知和识别物理环境来获取我的物理性属性,这也就是说,[我是 F]是在我确认 F 被实例化的同时被确认的。我知晓 F 被实例化的特殊方式导致了我关于[我是 F]的知识,并且在这个过程当中,额外的关于类似[b 是 F]的命题和[我是 b]的命题的确认都不需要了。

对于此种获得知识的方式必须有些解释。幸运的是,这样的解释也不难找到,正如伊万斯认为的,"任何拥有关于客观空间世界观念的思者……必须能够将其关于世界的认知思考为同时是因为其在世界上的位置而得以可能,并且也基于在那个位置上的世界的条件而得以可能"(伊万斯 1982,第 200 页)。换句话说,我们应该能够看到他关于世界的认知基于他所置身于的物理环境。简单而言,这是去论争说我们关于世界是什么样子的观念不能从被主体所感知的内容以及可以被自我归结的内容分离开来。在精神性和物理性之间的传统区分似乎不是一个很站得住脚的命题,但是基于这一区分确实在某种程度上合理,并且一个人也应该看见为了使得任何关于客观世界的观念成为可能,他需要去依赖关于那些他占有的物理空间的信息,并且这一点,在伊万斯看来,甚至为我们构成了一些可以跟随的理论,尽管在一种非常隐晦的意义上,因为人类实践的本性是那些指导人类实践的原则必须能够被人类同化,直到不知如何他们能够以不费力的方式与规则一致地进行思考。

先前伊万斯已经论证了，为了使得［我是 $\delta t^①$］这一命题为真，一个人的知识里面需要包含那些一个人置身于时间空间中究竟意味着什么的内容。在这一节里面，伊万斯继而论证"这反过来将会被当作一种能够将我们自身通过我刚才描述过的那种推理模式将我们自身置于空间当中的**实践能力**"（伊万斯 1982，第 200 页，下划线是我加的）。换句话说，我们在时刻 t 的自我知识基于一个本质性的、经由一个人自身将其在时刻 t 置于时间空间位置的实践能力而作出的自我识别。这恰恰是伊万斯认为我们的自我知识必须服从一般性限制条件的理由。

伊万斯从这里面引出了一个结论。他认为如果以上的观点被接受的话，那么需要看看为什么有关一个人与其他事物的位置或关系的那些基于知觉的判断必须是免于识别的。伊万斯强调这是在一个强意义上说的，也就是说，作为本质性的自我识别或者作为知觉结构的本质性要素，一个人关于其自身空间时间未知的知识必须是免于识别的，否则的话，就会进入以上的这个困境。首先，关于位置、朝向等等的知识似乎是不可能的，但是也没有这个对象到底是哪一个的知识。其次，额外的识别或同一组分的问题又出现了。既然对象只能由描述而被识别或同一，那么这种描述就不可能，除非它已经包含了其位置、朝向等有关信息，此类关于识别组分的非充分信息只能在非常规境况下实现。再者，伊万斯认为，如果有人试图给出一个关于其自身的观念的陈述，并且同时对于那个其物理信息以特殊方式被知晓的对象是否是主体自身这个问题保持沉默，那么似乎对于某个人来说永远也不可能知晓他的位置。正如在注 31 处显示的^②，伊万斯写道，这也是为什么他认为"这里"不应该被当作是被定义在"我"当中的，因为"我"和"这里"都是关联性的，这意味着同样的官能使得一个人关于两者的理解都是可能的，也就是去理解在［我在 p 这个位置］这个命题中包含的

---

① 当使用"δt"的时候，伊万斯指的是一个人的本质性同一，也就是，被构想为是一个在时间 t 客观空间顺序的一个要素。

② 参见 Evans（1982），p. 201，来自 Cassam 的选集 Self-knowledge。

知识。

这样的考虑,在伊万斯看来,与最常见的观点是相反的,即我们单单从第一人称出发的关于自身的概念化理解不必然是关于占有空间时间位置的物理存在物的。读者也许还记得,当伊万斯评价内格尔的时候,他写道,在主观的与客观的之间作出的这个区分是可疑的。在那个时刻,建议仍是负面的。然而,这里伊万斯给出了一个积极的理论,关于为什么他认为在主观的与客观的之间不应该有如此清晰的区分,因为要去理解"这里"和"我",也需要同样的能力,也就是,去识别一个人在特定的时刻占有一个独特的时间空间位置的能力。

伊万斯也考虑了免于错误识别的重要性。这一命题之所以很重要是因为"……它直接地和立即地展现了特定类型的证据在包含'我'的观念上产生的思想"(伊万斯 1982,第 201 页)。换句话说,被我们以特定方式获取的经验在毫无中介的情况下产生了"我"之思想,或者诸如此般的"我"之思想或知识并不需要包含任何以[b 是 F]与[我是 b]的联合的形式的额外的识别或同一化组分。

如伊万斯所指出的,这所展示的是反笛卡尔式的观点:"我们的'我'之观念是物理承载物的观念而不是精神属性的。"[①](引文同上)有人也许倾向于将这个在强意义上理解,即认为"我"之观念产生的是物理性属性而不是精神性属性,但这一点都不合理,因为这一观念是在本质的基础上精神性的。然而,有人至少还是能够在一种温和的意义上理解,即认为精神性的"我"之观念最后还是需要依赖一个人身体的物理性信息。伊万斯甚至在注 32[②]中进一步申明了这一点,即我们关于那些由我们执行的行为的知识迫使我们在我们自身和一个物理性存在物之间作出同一化识别,即,在思想、情感等的产生者主体,与在客观世界中占有时间空间位置的那个对象之间。

---

① 究竟伊万斯的反笛卡尔式观点是否合理,还有待商榷。可参见 Anne Newstead, "Evans's Anti-Cartesian Argument: A Critical Evaluation", *Ratio* (new series) XIX 2 June 2006。

② 参见 Evans (1982), p. 201,来自 Cassam 选集 Self-knowledge。

3.2.2.4 精神性的自我归结

由伊万斯所执行的讨论展现出我们拥有一种关于精神状态的特定知识,并且经由此,伊万斯声明他试图寻找一个观念,这个观念是关于此般的自我知识究竟如何被整合进我们关于自身的观念的。伊万斯同时也写道,他希望他能够建立起一个自我知识(内省)的好的模型,从而人们能够在很多其他案例中沿用这个模型。大致而言,我并不认为伊万斯为免于识别的精神谓词的自我归结做出了一个非常令人信服的证明,但是正如我在接下来这节里面要论证的,在他关于内部状态的论点中的确有一部分对于我之后重建的自我意识模型是有所帮助的。

按照伊万斯的解读,在维特根斯坦的建议当中,有一个非常好的观点值得欣赏,即:

> 维特根斯坦借由迫使我们更进一步审视有关自身精神属性知识之本性的方式,来试图瓦解采取笛卡尔式立场的尝试,并且,借由迫使我们放弃这样一个观点来达成这个目的,即,放弃总归需要对于诸状态以及一些只能由做得那个人自己触及的事情的完成的一种内向的观照这样一个观点。(伊万斯 1982,第 202 页)

这也就是说,去观照某人内部的心灵或内省也许并不是一种知晓自身的排他性的方式。似乎对于伊万斯而言,很明显的是,要达至一个人的信念的自我归结,他很少将其注意力转向外部世界。伊万斯给出的例子是个很好的用来审视这个问题的开端。如果被问这个问题"你认为会不会有第三次世界大战呢?"以及这个问题"第三次世界大战会发生吗?"那么我不得不转向外部世界以便于回答这两个问题。我查看这两个问题答案的方式不会有什么差别,尽管似乎第一个问题问的是我的意见而第二个问的是一个事实性问题。换句话说,我回答我是否认为有 p 的程序,与我回答 p 是否存在的程序是一样的。除此之外,关于一个人的精神状态的知识也在主体执行程序获取关于与其信念相关的那个问题的答案的时候自动被获得了。伊万斯对此非常自信，并且他认为，即使是最为强硬的怀疑论者可能也无法怀疑这样的一个规则，即"无论何时你居于某个立场去断定 p，你也就因此事实而直接拥有了立场去断定'我相信 p'了"（伊万斯 1982，第 202 页）。

然而，一个人有关程序的知识并不足以保证他具有关于类似判断"我相信 p"之内容的完全的理解。伊万斯解释在注 34[①] 那里，客观性被这一事实彰显出来，即命题 p 的真理超越了我的知识或信念。伊万斯试图展现非常重要的是去意识到在"我相信 p"和"p"之间存在着某种实质性的差别，并且当这两个句子被置于多种运算符之下时，区分能够被看得很清楚。诸如：否定、模态以及过去时。比方说，"我相信 p"这个判断能够拥有两种否定，它们分别是"我相信不是 p"以及"并不是我相信 p"。我相信任何懂英语的人都知道这两个句子涵义是不同的。客观性也寓于这样的事实当中，比方说信念"我相信 p"并不需要被撤回，如果事实是非 p 的话。当拥有过去时的时候，一个人可以说"我曾相信 p，但实际情况却是非 p"，这个可能性是合理的。

伊万斯试图传达的是这样一个信息，即，对于人的精神状态的内在通道不是达至自我知识的排他性途径。他建议说任何关于判断之内容的理解都不得不包含对于这样一个心理性概念的理解，也就是说，被"ξ 相信 p"所表达的概念。如果要更为详细点说，伊万斯写道：

> 这个概念在判断中的被包含，将会由以下这个事实所彰显出来，即，他准备识别为与将谓词归结给他人的那些证据类型也基于其论断的真理性而产生出来，同时也会由一种意愿性所彰显出来，这种意愿是去识别出那些与将谓词归于他人的行为相关联的、使用了相同程序的证据——这一程序在于做出判断来知晓 p 是否成立——奠定了其自我归结的基础。（伊万斯 1982，第 203 页）

[①]　参见 Evans (1982)，p. 201，来自 Cassam 选集 Self-knowledge。

这也就是说，如果有人拥有此类的心理学概念，那么他将通过对于特定类型证据与谓词的自我归结和谓词归结给其他人之关联的意识来展现这一点。进而，如果他拥有这样的心理学概念，那么他就源于识别出以上所提及的类似程序不得不被执行从而能够将谓词归结给他人，因为这也是产生谓词的自我归结的相同程序。

然而，伊万斯认为知觉经验的自我归结沿用了一个不同的模型。伊万斯论争道，概括而言，我们能够将知觉经验当作是"主体的信息状态"，这就是那个能够在主体关于世界的表象上产生信息的主体之状态。为了能够如此看待其内在状态，状态本身必须与使得主体行动可能的动机力量联结起来。

知觉经验本身并不是概念性的，并且它也需要概念性的能力将其转化成为概念性经验。然而，如果它转化为一个判断，那么基于此种主体内在状态的判断，就必然包含概念化在内。但伊万斯特意写道："……这一公式化（即从经验到判断的转化）必须不能被允许混淆整副图画。"（伊万斯1982，第204页）这也就是说，尽管判断依赖于主体的内在信息状态，他们并不是关于这些状态的。概念化的过程仅仅使得主体从内在信息状态到另外认知状态的转变是可能的，但这不意味着这一过程必须能够向内看向主体的状态。因此伊万斯总结道：

> 因此当主体希望绝对确信他的判断是正确的时候，他再次凝视世界（并因此在其自身中产生，或再生出，信息状态）；他并不在任何意义上凝视，或聚精会神于，其内在状态。他的内在状态不能在任何意义上变成对他而言的对象。（他在这个状态里面）（伊万斯1982，第204页）

通过这一段，伊万斯尤为表达了他的观点，即，即使为了检查某人精神状态的目的，这个也从不需要向内看而是仅仅再次检视那些使得这一信念或精神状态成为可能的客观的事态。当伊万斯这么说的时候，他的目的在于论证一个人的内在状态对于其自身而言可以从来都不是对象,因为他自身就正好在这一状态当中。

然而,伊万斯认为有一个简单的方式能够获得一个人的内在的信息状态,即,"反复使用那些概念化的技术,这些技术就是他用来做出关于世界的判断的"(伊万斯 1982,第 204 页)。这也就是在建议说一个人应该经过每一个做出关于现在是怎样的判断的步骤,并且在其结果前加上前缀"对于我而言似乎是……"这么做的目的在于在那一时刻再生出相同的认知状态。因为此种认知状态系统性地依赖于信息状态的内容,这样的程序也应该能够解释一个人关于其自身内部信息状态的知识。然而,这将不会展示出这个状态对于主体而言可以是个对象,并且这暗示出伊万斯也认为知觉的模型不适用于知觉的模型的个例,因为内在状态不能被看做是那个意识的对象。

伊万斯意识到对于程序的描述并不足以展现出究竟一个人能够拥有自我知识是怎么回事,因为程序仅仅解释了自我知识的特征。在伊万斯看来,能够知晓自我知识的主体必须能够分清在以下判断之中的内容差别:"对我而言似乎是 p"、"可能 p"以及"从表面上来看,p"。并且这意味着,这样的能力需要主体去拥有一种背景,这种背景与信念的自我归结之可能所依赖的背景是类似的。伊万斯仅仅提到这里也许我们可以对于康德的"我思"做一个诠释,并且在他看来,"我思"作为表象必须能够伴随一个人经验的所有表象,如果不是"置于一个满意的理论之中"的话就只能是形式的了(伊万斯 1982,第 205 页)。[①]

然而,程序本身似乎不能在所有情境中产生信息状态的不可错的知识,因为非常可能的是,主体可能在其重新使用程序去为了不同目的行事的时候犯错误。比方说,当在一个圈里实际上有十个光点的时候,主体忘记了当他数数的时候从哪儿开始的,他就可能汇报说他在一个圈内看见了十一个光点。在这个例子中,他的汇报"对我而言似乎在一个圈内安排了十一个光点"就是错的。然而,如同伊万斯强调

① 伊万斯认为"关键在于'我思'获得结构这件事,是仅当它与(至少可能)同样谓词的其他典范化过程相关的时候才是可能的"(伊万斯 1982,p. 205,n39),与我而言似乎他关于我思表象的观点与霍威尔关于我思的诠释的相似度比较高,我将在第四章中讨论这些。

的,如果有人以其基础性的概念来概念化其经验,那么他就能够说出关于他自身的信息状态的正确知识来。比方说,当他说"对于我而言似乎有个红色",那么说主体正确地汇报了他的内在信息状态就是合理的。

很多哲学家怀疑这样一个观点,即,判断本身,尽管与信息状态完全不一样,也不得不关于这一状态说出一些真理来。伊万斯认为这是为什么一些哲学家采取了这样的观点:"……内在信息状态的存在由主体作出特定判断的倾向构成。"(伊万斯 1982,第 205 页)这也就是说,主体的信息状态只不过是作出特定判断的倾向。

然而,伊万斯认为这不合理也不必要。理由在于,我们自身拥有特定的倾向去运用概念这回事就是不对。我们能够运用的概念少于那些做出判断需要使用的概念。提议本身不必要因为有其他的办法。伊万斯写道:"逻辑上不可错的知识暗示出被判断的状态,以及判断并不是(如休谟可能会说的那样)不同的存在。"[①](伊万斯 1982,第 206 页)并且如伊万斯所言,有两种方式这能被意识到。第一个是认为内在状态由做出特定判断的倾向所构成,但这已经被我们能够使用的概念少于我们需要的概念这一理由所否定了;另一个是拥有特定内容的判断能够被当作是由其本身是对于状态的回应而构成的。伊万斯认为第二个更为合理一些,因为一种不可错性产生是因为其作为主体拥有那些"可观察概念"(引文同上)的必要条件,这些可观察概念当主体拥有相应经验时倾向于适用。比方说,当我看见红色事物的时候,我倾向于用我的观察性概念"红"来回应。这些东西随着"有限的和无趣的"不可错性产生了。(引文同上)

不管这是何种不可错性,它确实不能与"向内观望"的描述相一致。换句话说,此种信息状态的不可错性不可能通过看向一个人的内在信息状态而获得。相反地,主体的聚焦还是在外部世界。

这里有两个层面的事实。在伊万斯看来,第一个是当主体汇报其

---

① 在我看来,伊万斯在这里仅仅重复了这一观点,即,内在状态是相应的判断的基础,但是一个人作出的判断却不是关于那个内在状态本身的。

说出一棵树的体验时,他所观察到的并不是其信息状态,而是树;第二个是,"任何主体在其中拥有关于世界的信息状态都因此而直接地是在其中他拥有关于其自身信息的状态,是那种关于我们在讨论的,对于他而言是可得的信息"(伊万斯 1982,第 206—207 页)。换句话说,没有任何必要预设另一个官能,诸如内感官,去解释信息状态能够被自我归结的事实。

然而,还需要注意到这样一个事实,也就是,并不是我们所有关于经验的报告都有如此的特征,且这是因为不是所有内在信息状态的特征都能够以其内容来描述他们。如果有人比较两组关于经验的报告,那么他将能够看得到区别。第一组:"对我而言似乎数以千计的小针在轻轻地触碰我的皮肤",以及"对我而言似乎我的腿是交叉放着的";第二组:"我感觉到我脚上的疼痛",以及"我感觉到我脚上的痒"。有读者也许能看到,诸如"疼痛"和"痒"这样的概念不能够以内容的方式来描述我们的经验。从另一方面来看,第一组中的描述诸如"数以千计的小针在轻轻地触碰着我的皮肤"以及"我的腿是交叉放着的"能够做到。在伊万斯看来,这并不难以理解,如果我们找得到有关身体知觉和身体感觉的事实,这通常被理解为信息状态。伊万斯论证说,当一个人处于疼痛状态时,我们能够说他以一种使得他感觉难受的方式在感知他的身体的部分。感觉难受就是一种人对其疼痛作出反应的方式。给出此种描述的优点在于,如伊万斯争辩道,它并不能解释为什么疼痛和痒能够在身体的特定部分被感受到。①

进而,伊万斯认为通过这个我们可能对于休谟问题能有一个更好的解决方案,因为自我认知的模式导致产生了关于自我的特定的幻象。在第一章中,当我给出康德的论述之时,我论证说休谟并不试图道出没有自我。相反地,休谟论证的是有一些我的印象流逝而过,并且我们不能知晓有一个"自我"。休谟持有的是一个认识论的观点而不是一个形而上学的观点。换句话说,对我而言我从不能在没有知觉

---

① 我却认为这是一个拙劣的解释。似乎当伊万斯试图论证精神谓词可能被理解为身体应对身体性知觉或身体性感觉的方式的时候,他这个结论跳得太快了一些。

的情况下获得关于"自我"的概念化,并且除去那些知觉也没有所谓"自我"。这一图像,在我看来,与伊万斯的观点即我们从未向内观望从而看见我们内在信息状态这一点是吻合的,或者用另外一种方式说,我们的内在状态不能被"当作是其内在凝视的对象"(伊万斯1982,第207页)。伊万斯意识到在其争辩这一观点时我们不将内在信息状态当作对象实际上减弱了休谟的感知模型,因为休谟论证的是我们不得不望向自己内在状态去获得印象。然而,伊万斯也看到,不是所有休谟的观点都被这个所消减,更甚,当知觉模型被拒斥的时候这一观点变得更强。休谟观点的价值在于它展现了当我们知道我们看见了一棵树的时候,我们意识到的什么都不是而只是树本身。换句话说,为了做出关于自身的断言,没有额外的行为或过程被需要。看见一棵树的这个过程已经是看见某人自身的过程了。①

然而,伊万斯清晰地意识到,这需要一个站得住脚的解释,也就是:"我们能够拥有关于包含了实质性和持存的自我的事态的知识是如何可能的,仅仅通过意识到(或者更糟糕些,仅仅似乎意识到)世界的状态?"(伊万斯1982,第208页)这一由伊万斯提出的问题本身在其自身内部包含了一个观点,该观点认为并不是我意识到了世界的任何状态,而是似乎我意识到了世界的状态。伊万斯并没有费心思解释这一点,但对我而言,似乎伊万斯将会很高兴同意康德所说的,即认为我们所感知到的就是那个向我们显现的世界,而不是世界自身。然而,这是先验观念论的问题,我们暂且先搁置这个问题。

但旋即伊万斯展示了他的思想与康德观点的共同之处,至少在"我思"上二者是有共通之处的。认为我们从无中不可能得出一些东西的想法是对的,这意味着我们不能给出一个关于当我们凝视外部对象的时候,自我是如何被展现的,这样的话伊万斯的整个工程就毁于一旦了。为了能够获得关于主体的意识,需要有两个要素。第一个是

---

① 这一点与托德斯(Todes)论文中阐述的很相似,参见 Todes, 1967, 'Knowledge and the Ego', in *Kant: A Collection of Critical Essays*, ed. Robert Paul Wolff, NY: Doubleday。

意识的原初状态,第二个则更为重要,也就是,"……知觉状态必须发生在我们关于主体之部分的<u>特定类型</u>①的知识与了解的语境之中"(引文同上)。否则的话,伊万斯就会认为"我思"是纯粹形式性的或者索性是空的了。②

在我看来,伊万斯的观点必须能在其自身的框架中被理解,也就是,他关于谓词的自我归结必须能够遵循一般性限制条件的观点。所以如果有人不愿意接受他关于一般性限制条件的观点的话,那么就没法接受他的这种观点。比方说,他写道:

> 没有什么判断能够拥有心理性自我归结的内容,除非判断者本身能够被当作归结给他自己一个他能够构想为被一个不必是自己的存在物所满足——即一种事态,他将不得不构想这种事态包含了持存的经验主体。(伊万斯 1982,第 208 页)

这也就是说一个人精神性的谓词自我归结的能力基于其能够将精神谓词归结给其他人的能力。换句话说,他必须能够说出"B 看见了一棵树"从而才能够说出"我看见了一棵树"。同时,这也要求他将自己识别为类似诸如 B 的那种类型的人的一员,并且这要求他们能够预见到这个看见了树的人 B,当其自身被置于这个特定的时间空间位置的时候,也在做这件事;并且也能够预见到他自己作为类似诸如 B 的那种类型的人的一员,是一个自己被置于时间空间位置的持存的主体。

然而,这一问题还是没有被解决,也就是,为什么一个人能够仅仅凭借向外看就能够做出关于其自身的断言呢?伊万斯的解释是这样的。首先,一个主体能够通过感知房子而知晓其正站在一个房子前面。并且关于此的判断并不凭借自身构成任何关于"我正看见了一个房子"当中对应"我"的任何东西,因为他只是意识到了一棵树。然而,

---

① 注意这里下划线的强调部分。

② 这再度展现了与霍威尔关于我思之诠释的相似性,详见第四章。

伊万斯认为一个人可能当其作出一个对于其看见房子的经验的阐释之时能够意识到自身。伊万斯写道：

> 但是如果我们要基于这一基础——即拥有类似"我在一幢房子前面"的内容——而阐释一个判断的话，我们必须要有理由能够假设说主体将其自身当作能够识别出恰恰是与，比方说，一辆车在一幢房子前面，这样类型的事态的存在。这样的话，能够预见到的或判断出的，就肯定构成了两种在空间上相互关联的要素，尽管他看见的并不是。（伊万斯1982，第209页）

这也就是去争辩，为了作出断言"我在一幢房子前面"，我不得不去作出两个断言："一辆车在一幢房子前面"，以及"B在一幢房子前面"。

因此伊万斯总结出，有两种获取知识的方式是免于识别的。当第一个成分包含了在这两种方式中的其中一种所获取信息时，要求一个额外的识别就是不合理的。比方说，"有人相信p，但是我相信p吗？"或者"似乎有一些红色的东西在他前面，但是那是对我而言似乎有一些红色的东西在他前面吗？"

尽管这个例子似乎在论证一些非常强的结论，结论本身却并不强。伊万斯写道："那些将术语理解为指涉其自身的人必须倾向于认为，那些他本人居于一个立场能立刻去辨识的经验的发生，与那些包含这一术语的特定话语的真或假相关。"（伊万斯1982，第209页）这肯定不是关于自我意识本身的形而上学本性。然而，在伊万斯看来，关于那个能够理解自我指涉性术语的主体之倾向的事实，本身确实是"我"之观念的不可缺失的部分。①

---

① 伊万斯的观点在纽司代德（Newstead）那里得到了很详细的讨论。纽司代德（2006）认为伊万斯的反笛卡尔式计划没能成功是因为他没有一个关于"我"的很清晰的想法。根据纽司代德的说法，第一人称我的自我意识应当等于第一人称我的心灵意识＋第一人称我的身体意识。在作出这个区分的时候，纽司代德似乎把问题又带回了形而上学意义上笛卡尔式的二元论。我认为这个进路与康德前人关于内感官作为自我意识（转下页）

3.3 舒梅克和伊万斯关于自我意识到底道出了什么?

有读者可能会问,写到这里,那么舒梅克和伊万斯的观点对于有关康德的自我意识的讨论究竟有些什么意义呢。有人也许看到伊万斯关于免于识别的精神谓词的自我归结是如何可能的并不拥有一个合理的图像,并且似乎伊万斯也没有为了内在状态只不过是一个人面对刺激的诸种方式这一观点作出令人信服的论证。然而,这也不意味着所有伊万斯的观点应当被拒斥。在我看来,至少伊万斯在指出免于识别的自我归结被自我意识获得的方式所决定时是很有洞见力的,并且在那些有关我的判断是免于识别的案例中,有关我的信息被获取的方式不得不放入有关我的观念的内容当中去。①

舒梅克在代词"我"作为主词的使用上给出了很多有趣的观点,当

(接上页)来源的想法是相关的。当接受笛卡尔式的二元论的时候,一个人倾向于将内在状态看作是意识的对象从而纽司代德将不得不接受洛克那些经验主义者老一套的进路,这在我看来恰恰是康德反对的。对于康德而言,基本的范畴不仅仅是主体-对象,而是形式-内容,且对于卡斯特内尔达来说也是一样,这一点我会在第五章中谈到。理性主义者与经验主义者的错误在于,对他们而言,主体-对象的模型是如此地深深植入在其脑海中,或者用伊万斯的话说,他们将内在状态当作是意识的对象,然而,至少纽司代德有一点是对的,他说"这个问题,不能被语义学和认识论解决,而是预设了形而上学的承诺"(纽司代德 2006,第 216 页)。基于伊万斯确实接受了一个纽司代德认为他持有的反笛卡尔式立场,伊万斯本人的论证就其反驳笛卡尔式二元论的力量而言也是站不住脚的。然而,究竟伊万斯的论证反对的是笛卡尔式二元论吗? 或者,我不得不问,伊万斯是否反对一个形而上学意义上的笛卡尔式的二元论,还是一个有关究竟自我识别或同一如何可能的认识论呢? 我本人所论证的观点基于康德的和卡斯特内尔达的框架,而不是笛卡尔二元论的框架。那么问题在于,为什么反身性是一个更好的框架呢? 对于这个问题的回答也决定了我选择卡斯特内尔达的框架来重建自我意识模型的原因。尽管克切很好地诠释了康德文本,但是她的论述没有能够从文本解读和分析中建立出一个自我意识模型来,尽管这么说也是不公允的因为克切的本意也不在此。

① 我之所以认为纽司代德的批评没有能够挫败伊万斯的论证的原因在于,对于伊万斯而言,并没有什么必要要去区分第一人称我的心灵意识和第一人称我的身体意识。伊万斯并没有道出他可能更希望作形式与内容的区分。但是当他说"非常重要的是我们的'我'之观念是这样的,即特定的获得关于我们自身作为物理和空间对象的知识的方式是免于错误识别的:那些有关'我'之思维的信息的产生不基于任何的论证或识别,而只是构成了我们拥有的'我'之观念。参见 Evans(1982),第 197—198 页。这里似乎是,伊万斯认为"我"之观念必须包含关于自我的知识被获得的方式,并且这一要素不得不成为那个"我"之观念的内容,这也就是说"我"之观念至少部分地由关于自我的知识被获取的方式而构成,而不是由那些关于心灵的内容和从一个人身体感觉获得的内容构成。

然这些并不是首要地作为关于自我意识的观点而出现的。但他在"我"作为主词的使用上的讨论,尤其是关于为什么"我"是一个指涉性代词的讨论以及为什么知觉的模型与自我意识应当在其中被解释的模型不等同的时候,揭示了一个有关如何构建自我意识模型的至为重要的观点。

总结来看,至少有三点我们可以从舒梅克和伊万斯的观点中学到并推广的东西:

首先,舒梅克和伊万斯[①]都同意"免于错误识别"是将"我"作为主词使用的一个独特的特征,并且"我"也是一个指涉性的代词。任何有关自我意识的站得住脚的模型都必须不仅仅协调这一特征也要解释它。在第四章中,我将讨论对于康德的有关直接指涉的讨论将如何协调这类特征。简言之,必须在康德文本中找到一个形而上学的解释从而得以支持第一人称我的意识是免于识别的这一事实。

其次,伊万斯展示了自我意识需要将自我看作是占有特定的时间空间位置,但是此种特征并不需要是排他性的。换句话说,它没有排除这样的可能性,即自我意识除去其时间空间特性之外,还拥有其他的特征。然而,伊万斯强调说,时间空间特性是最为重要的,因为"我"之观念极大程度地依赖于有关我的信息或内容获得的方式,并且这样的方式回过头来又由这个人的时间空间特征而决定。问题在于如何将这一点带入我的模型使得其与康德关于自我意识的观点兼容。读过康德的人也许会知道,康德的先验要素论也许还能与伊万斯这里强调的观点有一些关联,但是康德认为时间和空间是直观的先天形式。然而,康德并未直接道出其在时间和空间上的观点与其关于我思的观点如何关联,我将在第六章处理这个问题。

第三,舒梅克认为知觉模型不适用于自我意识的案例。换句话说,自我不能以对象在知觉中被感知的方式而在自我意识中被看作一个对象。伊万斯也认为内在状态并不是知觉的对象。有趣的是,舒梅

---

① 但是伊万斯比较倾向于使用 identification-free 而不是 immunity to error through misidentification。

克和伊万斯都给出了不同的论证来支持这样的观点,在我看来,他们的论证是合理的。因此我重建的康德模型必须也能够解释这一模型。为了避免将自我或内在状态看作对象,有必要将康德关于我思和自我意识的观点以一种避免采取笛卡尔式自我观点的方式来诠释。换句话说,有人需要抛弃这一观点,即我之观念由那些其我之观念的内容完全来自于心灵以及其我之观念的内容完全来自于身体的东西构成。如果伊万斯是正确的,那么似乎说我之观念由那个对象自身的表象而构成就是合理的。比方说,当一个人意识到其看见了树,那么他看见树的意识就同时也是他在其中有自我意识的那个意识。人们不需要向内查看他是否拥有一个"看见树"的内在状态,并且自我意识本身也在表象树的同一个行为之中。换句话说,我之观念由对象的观念所构成,这转而与那些诸如一个人的时间空间位置以及一个人的感性知觉等要素相关联。①

---

① 这并不是说所有的要素都是经验的。事实上,康德建议,为了能够解释对象之经验是何以可能的,还是需要去诉诸先天的东西。

4. 有关康德自我意识模型的原创性观点
——霍威尔的两个问题以及其三个可能回答

在这一章当中，我将会展示一个最具洞见的提议，这一提议用于诠释康德从而使得他的观点在关于自我意识的问题上能够揭示些什么。霍威尔关于康德"我思"的直接指涉理论是我将使用的最为基础性的框架，用于在第六章中重建一个康德式的自我意识模型。

4.1 霍威尔的三个层面和两个问题

霍威尔的洞见在于他不仅给出了一个整体画面，经由这个画面我们也许可以更好地理解康德关于我思和自我意识的观点，但同时也给出了一个当代的哲学框架，在这框架之下康德的观点能够更好地被欣赏从而系统性地被整理。他给出的当代框架是直接指涉理论[①]，他认为这与康德关于我思和自我意识的关联至为紧密。

在《康德，我思与自我意识》这一论文的第二部分，霍威尔着重探讨了在直接指涉理论与我思命题之间的关联性。他论证道，通过诉诸于直接指涉理论，我们得以理解在康德从（i）到（xi）的接受当中到底包含了些什么；并且我们也被导向了两个重要的亟待回答的关于康德理论的问题。他的观点并不是康德本人在各个方面都预测到了当今的理论，而是在当今直接指涉理论认为通过"我"的方式在语言指涉中发

---

① 需要更多解释的读者可以参看斯坦福哲学百科参考条目"Rigid Designators"下面的"direct reference"，by Joseph Laporte，url：http：//plato. stanford. edu/entries/rigid-designators/♯DirRef。

现的东西也是康德在其中做出洞见的同一现象。首先需要被澄清的是，霍威尔不单单是认为语言现象单凭自身能够解释自我意识作为心理事实的神秘本性。需要注意的一点是，心理事实先于语言现实。然而，这一事实并不意味着语言现象不揭示任何有关构建自我意识模型之目的相关的有价值的东西。我认为蕴含在霍威尔进路中的新奇的方法论在于他能够使用在语言实践中发现的东西来展现心理现象能够被理解的可能方式。

基于他关于这些问题的早期讨论，霍威尔在 2006 年重新强调了他认为如果要给出一个可实践的进路的话必须要处理的三个方面。这三个方面分别是：（I）经由代词"我"和相似语言学手段做出的直接的、索引词式的自我指涉；（II）无需观察、识别或者错误识别可能的"我"之指涉①；（III）"我"的不可还原性②，不可分析性以及不可消解性。

当提及（I）的时候，霍威尔试图指出第一人称代词"我"拥有一个特殊的用法，这一用法不同于确定描述词或者专名。比方说，句子"带黑色帽子和说话慢的那个人是警觉的"包含了一个确定描述词作为其主词，并且如果有人要用这样的描述词来指涉他意图指涉的人的话，那么他就是在使用一种指涉的非直接方式，因为他意图指涉的那个东西或那个人是因为他是那些构成其主词术语"那个带黑帽子和说话慢的人"内容的属性的承载者。对于像克里普克和普特南这样在专名和指涉上采取历史主义因果链观点的人而言，专名的指涉并不确定因为描述本身给出了符合描述的人可以被挑选出来的条件。比方说，专名"比尔·克林顿"指的是比尔·克林顿这个人并非因为被任何描述所中介，而是因为比尔·克林顿的父母当初给他起了这个名字然后这个

---

① 第三章中曾提到，舒梅克和伊万斯都持有比较类似的观点，尽管这些术语有点轻微区分。舒梅克用的是"immune to error through misidentification"，而伊万斯用的是"identification-free"。

② 当使用"不可还原性"的时候，霍威尔的意思是指导"我"的使用的规则不能被还原为其他的任何规则。这不是认为所有形式的还原都是不可能的，并且在我将要重建的模型里，我认为自我意识可以被还原，只不过不是以霍威尔谈的这种方式。

名字的指涉就这么在说话者之间传下来了。同样,类似于"比尔·克林顿是第 42 届美国总统"这个命题也只是说出了一个特定的人,就是比尔·克林顿这个人,他是第 42 届美国总统。

然而,第一人称代词的使用是很特别的,且与确定描述词和专名还是不一样,这是因为在使用诸如"我"这样的词的时候,一个人通过使用代词直接地指涉其自身,并且此种指涉在没有经由某种命名的属性或什么类似的现象而做出的自身识别就达到了。霍威尔(2006)认为这一事实可以在其叫做规则(R)那里被总结出来,即"在任何'我'出现的命题中,'我'指向这个命题的说话者。"(第 127 页)对于某人的直接指涉是如此的直接以至于一旦有人说出了"我"的这个词,他立马毫无中介地指向了他自己。进而,除了我的实体被引入命题作为指涉物这一事实之外,并没有什么其他有关我的被引入了。霍威尔(2006)强调说,即使是像我作为命题的说话者这一属性都没有被引入,只有我的存在而已。

在(II)上的强调道出了更多关于规则(R)的力量。"我"的说出单凭自身就决定了,第一人称代词是要去指涉"我"的说话者的,我并不需要将自身观察为具有某些属性然后这些属性可以作为我凭借来判断我是否指向我自身的基础。我也不需要执行一些自我认同的行为从而才能知晓当说出"我"的时候我是在指向我自己而不是任何其他人。进而,就像在舒梅克(1968)那里揭示的,对于我而言也不可能出现当我说出代词"我"的时候我错误地指向了某个不是我自己的人。也不会有人会错误地指向任何东西或任何人,如果他试图使用第一人称代词去指涉的话,这与确定描述词和专名都不一样,因为有可能确定描述词或专名不能挑选出任何的实体。

(III)写到诸如此般的第一人称代词的直接指涉,并不能够被还原成为其他的论断。霍威尔(2006)关于这个写道:"在一个给定的命题里面,'我'的区分性的指涉性使用不能被还原为,或分析为,或消解为,任何其他不受规则(R)统治的术语的使用——也不受那些其使用蕴含了规则(R)的满足或其他类似规则(R)的规则。"(第 128 页)比方说，"我"的使用不能简单地被确定描述词诸如"那个现在在说话的女孩"或专名"尹洁"所替代，因为即使我说出了"尹洁"这个词，我也许也不能意识到我在指涉我自己。这可能会发生的，比方说，当我失去记忆或者无意中读了纸上写的一个我的名字而非有意指涉我自己的时候。然而，如果我说出"我"，那么我就必然是在指涉我自己，不管我是否失去记忆。

霍威尔（2006）写道："基于我们关于'我'的指涉实践，就像在（I）和规则（R）中提到的，我凭借使用'我'而指涉的实体，事实上，就是那个我通过所有我使用的内在监测系统从而意识到其思想、感觉和情感的那个实体。"（第 129 页）

我认为霍威尔在此指出这些很有洞见，他建议我们更加仔细地看待康德关于我思和其关于自我意识的丰富蕴含。然而，我在他作出的对于以上三点的评论却持有一些保守态度。正如我之前对于他在康德我思与自我意识上主要观点的评论中展示的，我不认为由"我"所指涉的实体能够被理所当然地当成那一个在内感官中被直观到或反思到的实体，除非有人能够构建出一个模型可以解释此种免于错误的识别是怎么可能的。① 我的大致观点是，第一人称代词所指涉的那个我是纯粹形式的，且并没有任何特殊的属性，并且也没有任何方式我的意识能够获得那些决定在前反思的意识中被指涉的"我"是否与在内

---

① 霍威尔的回应是，对，这儿的问题是个好问题，但也有个答案。霍威尔写道："这里的意思是，对于康德而言，我在内感官中向我自己显现。因此有一个实体，我，在内感官中向我显现。这是一个形而上学式的观点，或肯定是一个观点能够使得我们承诺存有一个实体的我在内感官中向我显现。康德关于内感官的理论和其关于统觉和我思的描述使得他自己也承认这样的观点，在我看来。因为'我'（或我之表象）经由规则（R）指涉我自己或其类似物，就没有什么错误的可能性——'我'代表的就是我，那个主体，就是我把所有在内感官中向我显现的的属性归之于的那个主体。并不是说我看见了所有这些内感官的状态然后问，这些是我的吗？而是内感官就是直观我的精神状态的方式，因此当我说'我头痛'的时候，没有可能我错误地判断是谁在头痛。我可能关于是否头痛犯错，如果我错误地诠释了内感官的表象的话，但是我没有可能错误地说我就是那个拥有那些表象的人。如果这一点对的话，那么我所建构的诠释性的模型就解释了为什么对于康德而言会有关于'我'的指涉物和'我之表象'的指涉物的免于错误识别。"我认可以上的论证。

感官中被直观到的我是类似的,除非一个人的内直观在某种程度上与指涉形式"我"的"我思"相关联从而没人能够拒斥由"我思"所指涉的我就是在内感官中被直观到的我这个可能性。

然而,基于霍威尔所提供的这个诠释,这一紧密联系确实存在。并不是说你体验到内感官或直观到某种具有内感官直观下的状态的心灵,并且询问:我是这个心灵吗?还是这是其他人的心灵?在康德那里内感官不是这么起作用的。内感官就是那个我在其中向自我展现,且意识到内感官体验的就像意识到外感官经验一样,总是包含经由统觉和概念的处理以及单纯的内感官表象。所有我们在内感官中有意识地经验到的东西,我们都经由"我思",将其经验为自己的(第一人称)。比方说,你可以构想一种统摄我的心灵并汇报其结果但却不将这些结果归于我的感性杂多。然后我就会提出真正对于康德而言亟待处理的问题,即是否这些结果真正地隶属于我,以及我如何确定他们隶属于我,等等。但是如果有他解释的这种内感官,这一可能性就不会出现。从一开始我的内感官精神状态就被我体验为我的。我能够错误地阐释它们(当我自己感受到强调的冷感时以为自己感受到的是疼痛),但是我不可能关于我将这些状态归之于的那个我产生错误。

霍威尔(2006)给出了一个例子来支持他关于两个自我是同一的这个观点。他写道:"基于(I)和(R),在'我认为(或说道,相信,知晓)我现在在想着纽约,看见一个桌子以及感觉不安'这个命题里面两个'我'其实指涉的是同一个实体〔论点(x)〕。"(第129页)霍威尔承诺的是,两个"我"的确指涉相同的实体,即我;他将我当作是那个对于康德而言,存在于其自身当中,在内感官中向自身显现,并且被其自身所知的那个我——当作经验自我。

基于以上这些是对于康德观点的正确理解且被文本证据所支持,我认为,如果有人试图建立一个站得住脚的自我意识模型,他得修改下康德的观点。这一修订不需要展现出康德在其可能提出的计划中犯了错误,但是在康德《纯粹理性批判》中的文本证据似乎不足以能够建立一个自我意识的模型从而我不得不从借鉴其他大致看上去也是康德式的资源。从一种宽泛的意义上而言，我还是认为康德在自我意识问题上做出了最为深刻的、完整的理论建构。然而，有一些在其《纯粹理性批判》中关于自我意识的论断对我而言听上去还是不大合理，以及需要进一步的修订。

尽管我本人与霍威尔在如何诠释两个自我的问题上有着不一致，当霍威尔说康德本人认为在由"我思"指涉的我与在内感官中被直观的我之间具有同一性时，我认为他没有错。事实上，我本人更倾向于采取康德本人的叙述作为我的模型的理论支撑。然而，诠释康德是一回事，捍卫康德的观点在何种程度上是关于自我意识的合理观点是另外一回事。这里的挑战在于，如果有人认为康德持有这个观点是对的话，他就得展示出在何种意义上内感官与被"我思"表象指涉出的我相关联，从而无需担心所谓识别问题。

除此之外，我还认为霍威尔（2006）在自我归结上给出了一个具有洞见的观点。他写道："任何居于一个立场来做出关于世界的观点（包含在其内在的经验里面），诸如'那本书在桌子上'，也同时处于一个立场，除非也许在特定的特殊情境中，通过使用以从（I）到（III）刻画的直接指涉方式，使用'我'来自我归结那些论断。"（第 129 页）比方说，当一个人说"桌子上有本书"的时候，霍威尔得出结论说这也展示了"我思"表象必须能够但不必伴随我的所有表象。"我思"表象的伴随意味着个体表象，既分散性地又是集合性地，被标记成"我的"。此种伴随，康德可能会说，也暗示着所有的表象需要与先天范畴整理得一致。这里问题又出现了，也就是，如果我思表象不能总是伴随众多表象，那么先天范畴的应用不需要在那些例子中持有，如果不伴随的话，这意味着范畴的先验演绎不能成功。但我不得不先搁置这个问题，因为我能够退一步承认即使范畴的先天演绎不成功，康德还是能够说出一些关于"我思"和自我意识的合理论断。

总而言之，霍威尔（2006）认为康德的洞见比能够在语言的直接指涉理论中展现的更为深奥，并且我认为他能够非常敏锐地意识到这一点,也就是,直接指涉理论也许是我们欣赏康德在我思与自我意识的原创观点的最好方式,但是为了能够完整地欣赏康德的原创力,需要比直接指涉理论走得更远,也就是,为了能够产生关于自我意识问题的洞见,需要更仔细地看康德关于自我意识能够提供什么,而不是仅仅集中在谈论直接指涉理论与康德观点的相似性上。换句话说,将这些观点归于康德是一回事,展示康德关于这些究竟说了些啥则是另外一回事。

当拥有这样的观点时,有人也许期待看见更多康德关于自我意识的观点以及当心中知晓直接指涉理论的时候该如何欣赏那些观点。霍威尔文章的第三部分讨论了这个观点,其标题是"两个基本问题和三个康德式的回答",并且正如在这个标题中所揭示的,霍威尔(2006)着重处理了两个问题,如果有人试图捍卫康德在我思和自我意识上的观点的话,那么这两个问题必须被回答。两个基本的问题是:"(A)究竟如何,我思,指涉性地,起作用,从而能够表象自我并且将其带入思想-意识?(B)究竟'我思'或'我',一个简单的表象和一个对于自我的简单指涉,如何在其拥有者内部产生第一人称意识?"(第133页)

在我看来,这两个问题恰到好处。第一个问题关于究竟自我意识作为一个认知过程是如何可能的。换句话说,当谈及自我经由我思表象而被指涉的时候,必须要能够细化到在何种方式上该种指涉是可能的。通过问及我思是如何将自我带给思维意识的,我将其理解为是在询问究竟我思表象如何指涉这个我,以及如何将诸如此般被指涉的我带给思维意识,也就是,以此种方式来建造那个在我们的思维意识(经由我思)中我们意识到了的那个我。这样的问题,需要极为细心的诠释以及合理的建构,我将试图在第六章中回答这个问题,通过我在康德文本上所作的诠释以及通过整合当代文献的观点来修订康德原初观点的方法。

第二个问题是在强调自我意识的神秘本性。众所周知,自我意识不同于普通的对象意识在于其是第一人称性质的。在语言哲学当代文献中所作的讨论区分了三种类型的自我归结: de dicto(从言),de re

(从物)和 de se(从自身)①。第一人称自我意识是从自身的意识,因为意识的内容必须被归于那个以第一人称通过思考行为来执行这一意识的人。尽管似乎强调自我意识的第一人称视角非常重要,对于那些支持这一观点的人而言,自我意识的第一人称特征是原初性的,但是这一问题似乎无所指向。我将论证,尽管我认为自我意识的第一人称意识是原初的,我确实认为问题(B)有一个答案,且这个答案值得进一步讨论,这样的讨论对于我关于康德自我意识的诠释而言至关重要。

4.2 霍威尔的三个可能的回答

霍威尔(2006)试图给出对于以下两个问题的三个尝试性回答,并且在他给出的这三个回答里面,他认为其中的两个都有潜力进一步发展。他建议的第一个回答是来自于对于谬误推理的一个诠释,也就是,关于我思作为"一般而言一个思维存在物的完全未被决定的概念"(B426)。这样的论点暗示出我思不可能是直观而只是一种思维,以一般意义上的思维存在物之概念而被表达的思维。也就是,我思不可能因为其自身而指涉任何特殊的个别思维物,但却至多,在一种从言的意义上,细化了那个一般意义上的思维主体。霍威尔写道:"当其(我思)被适用于内感官的杂多时,它似乎服务于统摄那些杂多以及为我们产生出特别的、内感官中介的关于个别思维主体的意识,这一意识能在内感官中向我们显现出来,也就是我们自身。"(第134页)似乎当心中持有这样的诠释的时候,有人应该也支持这样的观点,即,这样产生的自我意识仅当自我被在内感官中被当作对象时才可能。读者也许能看到,这非常不同于那种观点,即认为由自我意识产生的自我意识是直接指涉的,因为直接指涉意味着指涉不需要任何观察而内感官中介的意识确实预设了对于在一个人经验心灵中包含的东西的观察。在霍威尔看来,尽管这样的答案也许能够适用于内感官,并且的确是

---

① 开皮坦(Kapitan)为了解释这三个概念给出了三个例子:(1)最高的人相信最高的人是明智的;(2)有一个 x,这个 x 与最高的人同一,且 x 被 x 认为是明智的;(3)最高的人相信他自己是明智的。

经由内感官自我意识才被产生出来，但它还是不能给出一个对于问题（B）的令人满意的回答，因为不清楚究竟真正的第一人称意识到底是如何通过这种方式被产生的。

至于第二个回答，霍威尔（2006）写道："我思能够被简单地当作指涉自我的思维行为，并因此以一种直接的、无属性的亦即真正是第一人称的方式给予我们关于自我的意识。"（第 134 页）并且我思这些行为本身被认为是一种无法再分析的方式发生。乍一看来，这看上去很有前途因为它与霍威尔提出来作为在诠释康德我思与自我意识上最为重要的三个需要被强调的点相吻合，但实际上这并不对。霍威尔其实不赞成第二个回答，他只是不拒绝这个答案为真的可能性，并且他认为如果这最终不是真的，那么也许是我们无法进一步解释究竟我思如何成功地表象，以及在解释这一点上的无力将会是不幸。既然第二个回答也坚持我思表象以一种无属性以及免于观察的方式指涉自我的路径是原初的和不可解释的。第二个答案似乎论证了一个比起自身能承受的观点更为强的观点，就像霍威尔所讲的那样"原则上完全不可解释的我思现象的存在并不是那么容易咀嚼"（第 135 页）。

第三个回答似乎也很有前途。在霍威尔看来，第三个答案，与语言学的直接指涉理论最为相似。霍威尔（2006）建议我们去查看康德可能会采取来看待"我"之表象的模型。在霍威尔看来，似乎当康德谈及表象我的时候，他总是意指那些与第一人称代词我的语言学用法相似的东西。因此霍威尔（2006）建议说我们这样看待——"……那一表象构建的思维行为，功能上等同于类似的语言学手段的第一人称代词的指涉性使用。"（第 136 页）如果有人接受这样的解读，那么霍威尔认为他就有可能将"我"之表象看作对于康德而言起到"精神性索引词"的作用。

一个精神性索引词令人兴奋是因为它暗示了除了经由说出代词"我"的指涉自我的外部方法之外，人们也许还有一些可以指涉自我的内在方法。进而，甚至可能这种指向自身的内在能力也先于外部的语言学手段。

如果这一关于康德的解读正确，那么似乎一个人可以构想这样的可能性，即康德的观点暗示了这么一个命题：思维的主体产生了我思表象，这一我思表象必须能够伴随所有的表象（尽管它并不需要如此），并且经由这一产生表象的行为，我被以一种无属性的方式直接指涉出来。这一过程服从了一个与规则（R）类似的规则。为了使得第三个答案完整，我们需要解释究竟思维的第一人称特性根据这一答案所示，是如何引入的。霍威尔（2006，第 137—139 页）本人采取的解释是，第一人称意识还原性地进入，也就是，第一人称思维就是这种规则（R）统摄下反身性进入的类型。

这种解读的好处在于他既回答了问题（A）也回答了问题（B）。问题（A）需要一个关于我思表象如何指涉性地产生自我意识的解释，并且第三个回答提供了对于此的一个令人满意的回答，因为通过论证说人类心灵拥有内在的以无属性方式直接指涉自我的能力，通过其遵守一个与语言学规则（R）类似的精神性索性规则，它解释了究竟我思表象，如何指涉性地，在不依赖于任何不是我思表象的情况下，产生自我意识。

在霍威尔的原初问题中还提到了"思维意识"，并且似乎为了使得他能够说第三个答案给问题（B）提供了满意的回答，我们不得不指出究竟自我如何被带入"思维意识"。有人也许想知道，究竟这是否意味着自我在被这样的我思表象产生的自我意识中被看作对象呢还是主体？此处，前面关于究竟自我应当被首要地看作是主体还是对象又回来了。尽管霍威尔并不是这般处理问题，他还是通过解释我思行为的反身性来处理了这个问题。霍威尔（2006）写道："我或思维的我思行为的反身性都意味着，基本上，思维的行为不仅仅是思者对于思者通过这一行为而思考的那些内容的意识行为……而是，它是一种思维意识行为，由思者作出的，这一行为不仅仅抓住了那一内容并且也将那一行为本身看作是将思者作为其主体的。"（第 137 页）

在我看来，我思行为的真正反身性在于，行为凭借其自身而同时指向两个方向；在一个方向上，它指涉那个知性思维行为的先验主体并且引入了主体本身,使得我们意识到那个主体,另一方面,它提供了一个意识的命题内容。进而,它(反身性地)把握了自身在做这些事。因此,行为的内在意识不是外在的,且也不与我思行为本身相分离。先验主体意识到其作为我思行为的生产者的同时也将其自身意识为经由其思维行为而产生了经验的统一性。这样的内在意识,就像一根箭,当其射向外部对象的时候同时也指回发射者自身。比方说,当我意识到我看见一张桌子,我意识到桌子的同时也意识到是我而不是任何其他人经由思维行为本身产生了这一看见桌子的经验的统一性。

如果以上的这些都合理的话,那么有人会问,第三个答案对于问题(A)和问题(B)都给出了很好的回应吗?与第二个答案相比的话,第三个答案似乎关于我思究竟如何指涉自我有一个更为清晰的观点,因为第三个答案写明了人类心灵可能拥有通过遵守与规则(R)的类似规则的方式来直接指涉自我的能力。霍威尔(2006)认为第三个可能答案有一种潜能去处理问题(A)和问题(B)。我在上述段落里面提到的两个方向总结了我思表象究竟如何指涉先验主体,在不识别任何被归于我的属性的前提下。对于霍威尔(2006)来说,第一人称思想还原性地进入了,也就是,它就是我思行为之反身性的结果而已,并且这意味着第一人称模式就是当人类心灵能够根据与规则(R)相似的精神规则执行我思表象的那一特征。

问题(B)设计得很好,因为它强调了对于那些试图辩护康德我思和自我意识论述的人而言最为重要且困难的任务。霍威尔(2006)建议我们既要查看内感官也要查看我思表象。他写道:"在制造我之行为之时,制造者本身也被迫意识到……这一我之行为本身指向其制造者,内感官将寻常地给予其制造者一个关于那个行为从拥有诸多思维和感觉的经验自我流出的直观。当与内感官的操作相连接的时候,制造者关于我之行为指向其制造者的意识将因此而寻常地将那一制造者向着他——或她作为制造者所示的那个个别的经验性存在物而识别出来。"(第138页)

换句话说,除去经由我思表象而作出的一个对于我的纯粹指涉,内感官也被包含在使得第一人称意识可能的过程当中。霍威尔建议的是第一人称意识不大可能，除非内感官或者经验性的内省能够为我思表象的制造者提供经验性的感觉以及思维从而使得在纯粹形式的我与那些感觉与思维的经验型源泉之间的链接能够被构建。在我之行为的思考和诸如此类的内感官之间的链接导致产生了所谓的第一人称意识，因为感觉和思维与我思表象的制造已然关联在一起了。或许有人会说，那些经由内感官通过此种方式所获得的思维和感觉都已然被归于我思表象的这同一个制造者了。如果有人接受霍威尔的建议并且将内感官带入考虑的话，那么他也许可以看到，尽管"在这一反身性的关于我之行为在指涉其制造者的思维意识当中，制造者不会被制造者进一步地识别出来"（霍威尔2006，第138页），"经由这一反身性的意识，制造者会以一种我们所注意到的直接的、无属性的方式被引入，引入到那个被我之行为思考的思维的特殊内容中"（霍威尔2006，第138页）。

在我看来，我之行为不仅仅引入了一个纯粹的形式之我，也同时使得经验性认知变得可能，因为仅仅通过我之行为，关于外部对象的个别思维是可能的。霍威尔并没有进一步深究而只是提及了这一点，似乎是在重复康德所说的关于我思作为使得经验可能的知性之至高原则。我将在后面继续谈到这一点，聚焦于讨论为何我思使得经验认知可能。

在霍威尔的注54当中，他写道："我之行为关于其自身的反身性意识的内容不同于属于我之行为的命题内容。"（霍威尔2006，第152页）有人也许会问为什么命题性内容必须要在这里被引入，并且是否康德的观点包含或至少暗示了这个观点。在注40里面，霍威尔引入了命题的形而上学从而更好地诠释了康德的我之行为的思考。他认为他之前提及的问题（B）与现今的这个问题的某个转换版本等同，即，"究竟其建构如何起作用才能确保我通过产生表象之我所思考的思维内容就是那个结构化的命题，该结构化命题中的主体端被存在物，我，所占据，且不被任何这个存在物的任何属性占据"（霍威尔2006，第

148 页）。霍威尔认为我通过产生我之表象而思考的思维内容是一种"结构化的实体"，也就是这样思维的内容是一个已然被结构化了的类命题，这一命题的主词或主体端已经被确认了，而其他属性则是未被决定的。当提出"结构化的命题"或"结构化的实体"这一说法的时候，霍威尔在思维的内容和语言学命题之间作出了一个类比。值得注意的是，不是所有的人都会接受这样的一个类比，因为不清楚的是究竟是不是康德所意图表达的内容，但霍威尔讲得非常清楚他使用这个命题只不过是为了澄清，而不是试图去将这样的命题归给康德本人。

然而，霍威尔并不拒绝这样一个可能性，即康德会采取这样的解读。他写道："命题的形而上学在康德那里是找不到的，但是他会承认这样的观点，即，在通过概念和'我'来思考的时候，我们能够达至这样的判断，比方说，我在工作。他关于我思的论述，从效果上来说，刻画了在此类判断中所想的。"（霍威尔 2006，第 148 页）

我认为"结构化命题"引入是合理的，因为如果要将康德的我思和自我意识观点与当代直接指涉理论相关联的话，似乎不可避免的是进一步联结原初的康德观点以及相应的语言学论述。尽管我们如何使用语言并不因其自身决定我们的心灵如何工作，语言学实践确实能够给出一些洞见反映出心灵如何工作的可能方式。将直接指涉理论和康德关于我思和自我意识的形而上学观点关联的这个主意本身是个尝试，且如果比这一步走得远的话也是合理的，或者至少将这一方法适用于更广的范围也是合理的，比方说试图探索命题结构与思维内容的形式特征之间的相似性。

我认为霍威尔（2006）关于如果有人试图用第三个答案来处理问题（A）和问题（B）就有必要分开几个要素的提议非常好。他在注 54 中写道："在这个版本里面我们区分五种东西：（1）一个人经由'我'或'我思'思考的思维之内容；（2）经由'我'或'我思'将内容向我展示的第一人称模式；（3）我之行为给予的反身性思维意识；（4）反身性思维意识的内容；（5）我之行为的产生，在沿用规则（R）的类似物的情况下，建立起在这一行为和我之间的指涉关系，并且基于（3）而确保我作为

其指涉物,发生在(1)的思维内容中。"(霍威尔 2006,第 151 页)

以上论述所能激发的灵感,在我看来,也许只能在一个人发展出第一人称自我意识可以在其中被我之行为以及经由类似规则(R)的我之行为及其反身性思维意识所解释,也就是,问题(A)和问题(B)都应该被合适的模型解释之时才显得较有意义。进而,对我而言似乎霍威尔建议的第三个答案是仅有的一个能够有潜力将以上五个要素放置安好的。第一个答案仅仅论证了我思的统一表象,且因此根本不能回答问题(B)。进而,第一个答案必须得将内感官带入来为自我意识的产生而做出解释。在我看来,问题在于,内感官包含了经验认知,且经验认知反过来又预设了先验我思。霍威尔并没有一劳永逸地拒斥第二个答案。相反,他认为第二个答案也许需要更多的澄清,这一点在他的论文里做的还不够。这一担心在于我思是原初性的且不可还原的。然后似乎难以理解我们如何能够得到更多关于其如何起作用的解释,那种不可解释的现象的存在似乎听上去不大合理。如果第二个答案允许某种程度的关于我思究竟如何产生与起作用的经验性解释,那么霍威尔可能会对于第二个答案更为满意一些。

从另一方面来看,第三个答案,给出了一个比较清晰的描述,即有关究竟我思表象如何经由诉诸于规则(R)的类似物以及反身性概念而能够指涉认知主体。这么做的好处在于,正如霍威尔在其论文第一部分展现的,康德关于我思和自我意识的观点确实与直接指涉理论以及反身性论述产生了一些关联。

我在这里采取第三个答案作为诠释康德关于我思与自我意识观点的可能性替代,并且这是因为我将直接指涉理论和反身性概念看作一个颇有前途的起始点来构建模型,神秘的第一人称自我意识作为一种现象将会经由这个模型而变得可理解。进而,在我看来,这一诠释与康德在文本中的观点符合,尤其是在《纯粹理性批判》里面。[①] 概括来看,霍威尔的建议的确有洞见,因为对他而言,由于直接指涉和反身

① 参见第二章里克切关于康德我思的诠释。

性的本质,我被以一种直接的、无属性的方式引入思维意识的内容里面。同时,思维意识的内容本身被引入意识,是因为来自被动的感性的我思与直观杂多的统一性功能。那也就是说,先验我思既使得一种关于"制造者因此不再进一步为了制造者而被识别出来"的自我意识类型成为可能,也使得其思维内容被统一了的那个经验认知成为可能。

我认为霍威尔的众多观点之中,有一个值得特别重视,即,他关于我思表象在何种意义上指涉我的观点。其原创之处在于他细化了究竟以何种方式我被指涉出来或被直接指称。我在后面将会谈到,很多关于自我意识的当代理论没有能注意到直接指涉理论或反身性,并且忽略此种选项的结果是他们不得将"自我"放在主体与客体的二分法当中。霍威尔(2006)与卡斯特内尔达一样(1989,1990),十分重视直接指涉理论,并且将很大的权重赋予了反身性概念,这么做的好处在于自我不再需要被要么看作主体要么看作对象。这一建议(实际上还是回到了康德那里)的正面好处在于,仅仅是由我思的指涉这一简单时并不能要求我拥有任何个别的本性——哲学性的论证不能决定本性;其本性既可能是物质性的也可能是精神性的;实体之我也可能是一组交互的诸个体。

5. 卡斯特内尔达论自我意识的反身性

5.1 卡斯特内尔达论自我意识及其内在反身性

舒梅克的观点在于,自我是一个锚定点,从那儿开始所有其他对于对象的指涉才是可能的,这一观点似乎提供了一种看待以下问题的可能性,即,任何关于对象的意识都预设了一个人自己的意识。这样的观点,也叫作"无所不在命题"①,很多哲学家诸如弗兰克(1995)和卡普坦(1999)都赞成,尽管他们各自赞成的进路有所不同。康德学者帕特丽娅·克切(2011)论证说康德在《纯粹理性批判》(B132/133)以及其他一些文本中认为统觉的先验统一和理性-经验性认知互相蕴含彼此,这也就是说自我意识和理性-经验性认知彼此蕴含。但另一个康德学者安德鲁·布鲁克(1994)则不认为所有的经验都得被其所谓的"统觉的自我意识"(统觉的自我意识相对于经验的自我意识而言)伴随。卡斯特内尔达(1988,1990)也反对"无所不在命题",他展示了对于对象的意识不预设任何自我意识,并且,恰恰相反,是自我意识预设了对于对象的意识。② 他使用了盲视的例子③来说明这一点,在这个

---

① 无所不在命题,指的是任何意识都预设自我意识。

② 这样的观点,在某种程度上与萨特关于 ego 的观点类似。在 The Transcendence of the Ego 里面,萨特论证说在任何的前反思的思维行为里面没有"我",且"我"是在反思性的思维行为被执行的阶段插入进意识中去的。卡斯特内尔达关于自我的观点与萨特的很像,但他比萨特走得更远,他还解释了究竟自我表象是如何在第二层次(反思性的)意识阶段被产生出来的,以及在何种程度上此般的我思表象与对象意识相关联。

③ 在盲视的例子中,并不是说有外在的或内在的自我意识,而是仅仅有含蓄的自我意识还没有转变为外显的自我意识,因为没有任何关于我的内容能够被归于思维主体或那个被指涉的我。

例子中,一个人可以形成其关于对象的经验而没有任何关于这一经验的自我意识。他也论证说,对于动物而言,关于对象的意识在没有自我意识的卷入下肯定是可能的。

乍一看,卡斯特内尔达似乎论证康德(B132/133)关于范畴的先验演绎中的自我意识可能道出的,即通常被认为是"无所不在命题"的,可能不对。然而,我认为有可能我们也能为康德找到一个出路,通过论证说,如果在第一人称我之意识与自我意识之间有什么区分可以做出的话,那么康德所持有的就不会是所有对象意识都必须预设第一人称我之意识这么简单了。

在卡斯特内尔达 1990 年的论文《自我意识、第一人称我之结构以及生理学》当中,卡斯特内尔达给出了一个关于自我意识的论述,即,"自我意识是在通过一个人自己思考一个人自己的片段中被执行的"①(卡斯特内尔达,1990,第 120 页)。一个人自己的意识是外在的,它往往发生在没有自我意识的时候,比方说,有人在刮自己的胡子而不小心刮到了自己的时候。外部地指向自身是在做某事中体现的,而不是体现在想某个特定内容,如果是想某个特定内容的话就应该是内在的自我意识了。因此外在的指向自身可以在无意向性的条件下被执行,但是内在地指向自身通常必须有思者自身来执行。比方说,当约翰不小心划伤自己的时候,他通过意识到是他自己这个人在经受着他自己在刮胡子时候划伤的痛苦,拥有了此种自我意识。约翰达到了此种自我意识经由他偶然地划伤自己而不是通过可以地想着关于自己的什么。从另一方面来看,一个人指向某物并将那个某物作为一个人自己的内在反身性("某物"在这里可以是任何东西,或甚至是不存在的东西),需要一个表象他的"第一人称我"的意向性行为。

按照卡斯特内尔达的措辞,"内在的反身性是自我意识的独特核心",并且"那是思想之内容的反身性,也就是:当一个人通过思考那些包含被使用的第一人称代词'我'的个体时,他表达的是什么"(卡斯

---

① 需要更多解释的读者可以翻阅本书导论部分的解释。

特内尔达 1990,第 120 页);换句话说,在那些片段中被思维的内容被自然语言以那些包含第一人称代词的单称指涉性使用的句子来表达出来。

扎哈维(1999)建议,卡斯特内尔达论证的是,尽管所有对于在外部世界中的对于对象的指涉都包含了某种类型的自我指涉,这样的指涉并不需要是外显的。他写道,对于卡斯特内尔达而言,"我"是一个锚定点,从这个点出发所有的索引词指涉可以被确定,但是这并不意味着"我"必须要被外显地单独挑出来并且被指涉。

按照卡斯特内尔达本人的叙述,外部的反身性与意识不相关,因为它只不过是一个反身性关系的反身性;在 Rxx 这里,不管 R 是不是一个行动,只要它不需要意向性的思考。换句话说,它是一个关于 x 和其自身的同一性关系。然而,内在的反身性是自我意识的核心或脊梁。按照扎哈维的叙述,如果要理解卡斯特内尔达使用内在反身性是什么意思,非常重要的是要去知晓什么是"未经反思的意识的潜在的自我意识"(扎哈维 1999,第 26 页)。在我看来,如果有人能够理解萨特在其《自我的超越性》里所倡导的观点的话,那么这里就比较容易理解。萨特认为在思考的前反思行为中,自我并不会产生因此不会有外显的自我意识。我认为卡斯特内尔达所倡导的恰恰与萨特的想法非常相似,也就是,有这样一个意识的水平,在这个水平上只有外在的反身性[1],并且这种反身性仅仅是一个逻辑事实,并没有什么对于诸如"X 指向 Y 将其当作是 Z"这种事件里究竟 Y 是否存在的本体论承诺。真正的自我意识,在卡斯特内尔达那里被当作第一人称自我意识的[2],仅仅在那个一个人能够指向他自己将其当作是他自己这一事件产生的片段中,才可能出现,也就是说,第一人称我的内容被产生了。这样

---

① 值得注意的是,外在的反身性概念与外在的自我意识不是一回事。外在的反身性是一种逻辑事实,也即是,实际上 x 与 x 自身相同一,不管是在什么境况下达到这种同一性。然而,外在的自我意识是,经由一个人在自身上的行为,一个人意识到其自身是这样样的事实。

② 扎哈维(Zahavi, 1999)认为卡斯特内尔达混淆了自我意识和第一人称我之意识,我赞同这个说法。

的内在反身性,需要第一人称我的涌现,反过来要求第一人称我之诸流能够在经验中被形成。这不是使得此般内在反身性可能的代词我的使用,但是这样第一人称的代词的使用揭示了说话者在思考第一人称我的内容,也就是,拥有我之表象。在一般性的框架里,他提出了"X指向 Y 将其当作是 Z",他认为组分"指向 Y"是一个从物意识[1],而组分"当作是 Z"是从言意识[2],因此,从言表象是对说话者施展来作为被他自己和他谈论的人共享表象的描绘,而从物表达则仅仅透露了说话者的指涉,不管这样的指涉是否存在。

5.2 卡斯特内尔达论第一人称"我"

卡斯特内尔达的洞见在于他用自我意识来定义第一人称"我",而不是用身体感觉或知觉来定义自我意识,或是反过来。这在某种程度上避免了回答了舒梅克和伊万斯的问题,因为他们的争论纠结于自我是否应当首要地被看作主体还是对象。[3] 这一视角的转换展现出卡斯特内尔达不认为首要的问题是自我是否被看作主体或对象。传统哲学进路并没有放很多重心在第一人称"我"上,而更多地讨论心灵。[4] 然而,困难却展现出这一问题也许问错了。究竟什么才是心灵?心身二元论真的能给我们带来洞见让我们知晓自身或自我意识吗?

换句话说,他弱化了二元论以便留出空间来讨论究竟能被称作第一人称我之意识的第一人称经验能否在认知过程中被塑形。他写道:"在给定时间 T 的自我意识片段的那个真正的第一人称'我',是在 T 时刻最大化同时意识的经验之整合的那个反身性主体。"(卡斯特内尔达 1990,第 138 页)

---

[1] 这是从物的,因为指向 Y 不被思者关于 Y 的描述的理解所中介,而只是经由他关于那个个别对象 Y 的知晓。

[2] 这是从言的,因为思者关于 Z 的知识被思者关于 Z 的描述的理解所中介。

[3] 不得不说这是一个论争的简化版本。事实上,舒梅克强调的是我们从讨论"我"作为主词的使用上获得一系列提示,但伊万斯认为自我意识预设了一个人本质性的物理特征(时间和空间特性)。

[4] 正如我在第三章中讨论的,这基于笛卡尔的传统。

这也就是说,首先,第一人称"我"不是一个作为任意普通对象诸如桌子或椅子而存在的实体,而是当反身性主体得以出现之时同时出现的。其次,有关"我"的展示,需要思维主体的反身性,否则的话没有任何东西借以被挑选出来当作是"我"。第三,构成"我"的内容来自于在某一时刻 T "最大化同时意识的经验之整合",这意味着第一人称"我"的经验是转瞬即逝的。

进而,卡斯特内尔达关于第一人称"我"写了如下的文字:

> 第一人称"我"是一种转瞬即逝的实体状态,这一实体状态将思者作为持续的精神性活动的剧场展示给他自己。从基底而言,第一人称我源自于,并也因此是统一持续进行的经验杂多个别内容的一系列结构的操作性统一化的一个模糊展示。去思考一个第一人称我的内容就是去执行(当然是无意识地)一个关于被展示表象的统一化,并且这个执行本身也要被展示出来。(卡斯特内尔达 1990,第 128 页)

这很清楚地表明,对于卡斯特内尔达而言,究竟什么才是真正的第一人称"我"。第一人称"我"是一个思者经由他自身向着他自身展示的一个转瞬即逝的实体状态,它就在那个 T 时刻的自我意识片段里面。一个"转瞬即逝的实体状态"意味着它只不过是一个暂时的静态的状态,这一状态占用了某个单个的时间点,且当时间点自身转换的时候,它也随着转换。若阅读卡斯特内尔达的文章便知,这是因为他认为意识本身是弥散的和包含性的,这意味着自我意识内在反身性的等级秩序可以在任何时候变化。也就是对于在此种片段中所具有的东西,即,对于某人他自己展现的东西的内容,这内容能与其他说话者分享,卡斯特内尔达说这是"统一持续进行的经验杂多个别内容的一系列结构的操作化统一化"。那些读康德的人会看到,这在很大程度上是一个康德式的观点。"一系列结构的操作性统一化"可以被很容易地理解为是由康德的先验统觉完成,并且统一化所完成于其上的诸物就是康德的直观杂多。如果使用康德的术语的话,那么有人可能会说,第一人称的"我"是一个转瞬即逝的实体状态,这一实体状态就是思者将他在时刻 T 自我意识片段中意识到的内容呈递给其自身,这通过直观杂多的统一而达到,而直观杂多的统一则通过先验统觉的统一,即经由其使用那些先天范畴综合杂多来完成。

有人可能能看到,这展示了在某种意义上,被展现在自我意识的片段中的第一人称我不能被从自我意识的内容中分离出去,也就是,在某种意义上,我们通过看见外部世界来看见自身,或者我们的自我知识依赖于对于对象的识别。这是一个非常重要的主题,并一直被在自我意识的现象学进路中被强调①,但在当代主流文献诸如舒梅克的作品中很少被提及。我本人对于舒梅克和伊万斯是否同意这个进路持有保留意见,尤其是伊万斯,因为他在 1982 年的作品中的确揭示了他的一些将自我意识当作是依赖我们对于世界中对象的认知的倾向。我本人倾向于认为舒梅克不会反对这个观点,因为他坚持采取知觉模型来看待自我是错误的,这也许暗示出他对以下这一选项持开放性态度,即我之意识或自我意识②不是一个被思考着的我感知的自我而是一个转瞬即逝的实体属性且在其中思考着的主体经由他自己向着他自己展现出等级式的思维内容,这些思维内容被思维主体放进去的先天结构(也就是卡斯特内尔达那里叫作"我之图示"的)所综合。

进而,在以上的引述中,卡斯特内尔达也认为去思考一个我之内容不是仅仅将东西思考为类似于一个人想到他的钢笔或书,而是无意识性地执行一个行为。这也就是说,在第一人称"我"的意识中,去思考就是去行动。更进一步说,在思考第一人称"我"的内容之时,需要以一种特定的方式去行动,即"去执行一个被呈现的表象的统一

---

① 参见 Tom Rockmore, *Kant and Phenomenology*, Chicago:Chicago University Press, 2011。也参见 Samuel J. Todes's 'Knowledge and the Ego:Kant's Three Stages of Self-evidence', in Robert Paul Wolff's anthology:*Kant:A Collection of Critical Essays*, New York:Doubleday, 1967。

② 当然这是基于如果有人不分我之意识和自我意识的话。

化……并且被展示那个执行行为本身"。这意味着在思考第一人称"我"的内容之时,一个人必须卷入其统一化那些被展现的认知行为之中,并且他意识到他关于这一行为的执行本身,这意味着他知道他自己是那个作出综合、表象和展示行为的主体。①

---

① 在卡斯特内尔达的论文中,他认为三个阶段还是必须包含在达至自我意识的过程中。第一个经由我之形式综合来自感性的材料,第二个是表象这些内容,第三个是将这些被表象的综合过了的内容展示给那个主体从而使得他获得第一人称"我"之意识。

6. 结论： 康德自我意识模型的重建

在本章里，我将给出我自己关于重新建构的康德式自我意识模型。我的模型采取了霍威尔的直接指涉诠释和卡斯特内尔达的反身性作为其本质性的框架，与此同时，在一种较为宽泛的意义上，与我所解读的康德可能试图表达的意思相吻合，尤其是从克切角度的康德诠释较为吻合。我将论述我的这一模型在何种意义上是康德式的，以及在何种意义上它能够回答霍威尔的两个重要问题而不至于卷入我前面指出的当代论争关于此的常见错误之中。

6.1 一个尝试性的对于克切论述的辩护

根据我的诠释，康德的我思蕴含了一个理论，这个理论可能能够被重建进一个自我意识的模型里面，通过引入自我意识的反身性模型的方法。以这种方式行进应该能够提供一个好的理论用于解释究竟由我思产生的自我意识是如何可能作为一个认知过程，以及为什么这样产生的自我意识是第一人称的。对于康德而言，统觉的先验演绎产生了经验性认知。克切（2011，第 160 页）在其书中认为理性-经验性认知（RE-cognition）和自我意识互相蕴含彼此。她写道："先验演绎的那一为了统觉之统一的论证在于对于理性-经验性认知的必要条件的检视……核心的议题是理性-经验性认知和自我意识互相蕴含彼此。"（克切 2011，第 160 页）然而，在斯坦（2012）看来，克切试图证明的是统觉的先验统一和理性经验性认知互相蕴含彼此，并且他进一步论证说克切的论证最多只能证明这个论断的一半，即她只能证明，回溯性地，基于理性-经验性认知是可能的,统觉的先验统一必须在场。换句话说,斯坦认为克切不能证明统觉的先验统一必然蕴含理性-经验性认知。但对我而言似乎克切并不外显性地认为统觉的先验统一蕴含理性-经验性认知,基于我在前文中从克切书中第 160 页的引述来看。

除此之外,我还认为斯坦忽略了一个克切论点的重要维度,也就是,她的这一观点,思者在某种程度上由思考行为构建①,因此通过查看一个人思考的内容,他能够知晓这个人作为一个思考存在物是什么。尽管当斯坦论证统觉的先验统一并不必然蕴含经验性认知的时候他是对的,这个立场近似于大部分康德学者的共识,即,范畴的先验演绎意图要揭示先天范畴的客观有效性的目标实则没有达到,但是斯坦误读了克切的目的。

克切论证的不是范畴的先验演绎必然蕴含经验认知,而是我们知晓自身作为思维主体的方式在于我们组织那些从被动感性中得到的东西,即通过将先天要素加入直观杂多的方式。换句话说,克切认为,思者的本质以某种方式被思维的活动所揭示。首先,我认为克切非常清楚地知晓,范畴的先验演绎并不必然蕴含经验认知。在她对于康德的《纯粹理性批判》的文本解读中,她展现了统觉的统一是最为基础性的主题,这一主题康德既在"范畴的先验演绎"中也在"谬误推理"中强调了。我将她对于这一点的认识当作一个提示她可能对于某一观点的认同,即,既然统觉的先验统一是人类经验中最为基础性的要素,那么更合理的是去认为先验统觉才是对于经验认知和自我意识的必要条件,而不是去坚持统觉的先验统一和理性-经验性认知互相蕴含彼此,这也被斯坦认为是克切持有的观点。我认为如果克切只是说统觉的统一对于经验认知和自我意识都是必要的话,会减少一些误会。

因此如果要试图为克切辩护其来自斯坦的反驳,我实际上建议了一个有关自我意识模型的正面论述,我将把这个展现在下一节里。我也将指出,尽管康德在 B 版中证明先天范畴的有效性失败了,康德关

---

① 这是一个极端的观点,有可能也有可能不能被成功辩护。

于我思的探讨无疑道出了有关自我意识的合理观点。

6.2 重建的自我意识模型

以最简单的形式来描述我的理论的话就是：我认为先验统觉的行为是反身性的且源自一个自发的思维主体。借助"先验统觉"，我是指，正如我在第二章中提到的，思维主体产生此类思维行为的能力。这些行为是反身性的，因为除了把握对象的熟悉感之外（思维行为把握类似于一些东西拥有这样或那样的特征），这一行为意识到其自身流出自（即作为被制造的和归属于，被锚定在）那个主体。只要它意识到或者甚至把握到主体作为一端使得其自身从中流出（即使它没有把握到任何其他关于主体的本性，超越由主体制造的事实），这一行为就可以被说成是挑选出或者"指涉"出主体。同样，我将这一把握本身当作或产生了第一人称意识。（当我通过当前的思维行为，思考拥有如此如此的特性的一些事情就是这一对于自身的把握，即把其当作源自这一主体）注意这种第一人称意识并不自身需求或包含任何个别的、独特的表象"我"。这一行为并不将其自身把握为以第一人称思考者其内容（即有些东西有这样或那样的特性），通过把握任意第一人称我之表象的方式，该表象随后将其行为导向思维的主体。相较而言，这一行为的第一人称性质简单地寓于这一反思性把握当中，通过这一自身源自主体的行为本身。

由先验统觉造成的这一行为因此经由这一反身性结构，产生了一种形式的第一人称自我意识。但是只要我们仅仅以其对于自身的反身性把握来描述这一行为，这一行为就没有任何特殊的内容（它把握任何特殊对象或者经验性心灵的时候不是以其拥有什么属性的方式达到的）。这样的内容仅仅在经由经验而来的输入以及外部或内部直观杂多的综合的情况下才会进入。因此这一行为不是一个真正的第一人称自我意识，至少不是在这样一种意义上来谈论，即作为一种把握了的、确定地思考着特定内容的经验型人格或自我的意义上。什么叫思考着特定内容呢？比方说"我，坐在这里且思考这篇论文中的材料,看见计算机是开机的"。这是经由综合行为产生的自我意识的形式或结构,这一形式或结构因此首先产生了真正的第一人称表象和意识。但是这种自我意识综合了内容(既综合了外感官的也综合了内感官的),这些内容是由同一个统觉官能在使用我刚才谈到的形式的第一人称以及使用范畴而综合出来的。① 并且这一真正的第一人称表象和意识目前第一次引入了,独特的第一人称我的表象,这在卡斯特内尔达看来,是转瞬即逝的。

这是我的观点的一个简单的版本,未免有点容易产生误解。我应该再澄清一下,即,在我的模型里,自我意识和表象我是齐头并进的。转瞬即逝的我是第一人称我之表象,但不是实体的我,他们并不与被指涉的那个思维主体我相等同,因为它们的本质还是表象而不是实体。

表象我是一个关于人类的原初事实,因为在过程的这一阶段,表象我也这样一种方式产生了,即在哲学探究的阶段无法被进一步解释。这一表象作为一种特殊的、外显的精神性"我"这样的词而出现(以一种将代词"我"的直接指涉理论应用于康德关于我思之思维行为的描述中)②,这一词反身性地经由其自身的产物而把握自身——并且将其自身把握为源自于思维主体以及也当作指涉出一个实体 X,一个人所有的内感官表象都属于这一实体 X。

正如一个统觉的思维可以将其自身把握为源自思维主体一样,它也可以产生一个单独的、外显的关于实体 e 的思想(并没有多少关于它的进一步本质的思考),从这个实体 e 中,那一统觉思维的个别行为流出了。我的观点是统觉式的思维外显性地思考了一个特殊的精神性的标记(我们把它叫做 M),这一标记一般用来以一种规则(R)暗示的方式来指涉一个实体 e,也就是,规则是 M 的产生自动地保证了 M 指涉那个实体 e。统觉思维关于 M 的把握本身反身性地把握了这一

---

① 范畴的应用是由康德提出的,由这里对于作为管控所有综合过程的形式的第一人称意识的展示而延续下来的。

② 参见第四章霍威尔关于康德我思的直接指涉诠释。

事实,即,思维或标记 M 沿用这一规则且也指涉那个实体 e。标记 M 在这里是外显的内在思维行为,并以一种第一人称的形式表达在自然语言当中("I","ich","je","ego"等等)。标记 M 是外显的第一人称表象。

然而,从我在这个情形中看到的而言,事实上这里没有实体 e 真的存在。[①] 所有真正存在的知识思维的原初主体,这个原初主体产生统觉性思维且关于他并没有什么进一步的本质能够经由这个过程被揭示或被知晓,连同经由标记 M 的产生的那个主体的个别思维一起。统觉性的思维产生了个别思维-标记 M 当其有意识地综合了内感官和外感官的杂多时(并且因此达到了,比方说,一个特殊的认知诸如"我看见了我面前的这台电脑")。我的建议是,统觉性思维当其综合内感官和外感官的杂多之时,通过产生这一特殊的思维-标记,向其自身展现了一个关于那里存在一个特殊实体 e 的虚构结构,所有内感官的杂多因素都归属于这个特殊实体 e。那一特殊实体 e 就是康德的经验自我,那个特殊的个人 e(在我的例子里,指的就是"尹洁"),这个人拥有所有这些知觉的和认知的内感官状态,所有的人经由这些状态就能知晓外感官的对象拥有特定属性(比方说,知晓我在我面前看见了一台电脑)。但是,实际上,确实没有这样的实体 e。真正存在的全部只是两组东西:(a)当我们在综合直观杂多的时候,我们关于思维标记 M 的转瞬即逝的产物系列;(b)与我们这些转瞬即逝的思维标记物 M 们相关联的,所有真正存在的也只是有关诸 e 实体的系列的转瞬即逝的诸种虚构(经验自我,那个叫"尹洁"的人),这些标记物指涉这些实体并且实际上拥有这些我们在综合的诸表象。

在做好以上这些预备性的解释之后,这里我提出一个有关我重建的自我意识模型的总结,这包含以下三个阶段:

过程的第一阶段:经由思维的统觉行为,当然这是反身性的,我们能够意识到思维的这一行为源自思维 x 的主体。这一意识是真实

---

① 这并不意味着思维主体不存在。在指涉的实体 e 和思维主体之间的区分有必要作出。

存在的——思维行为确实以此种方式源自于思维的主体。所以思维 x 的主体也真的存在。思维主体由这一思维行为,经由这一对于思维行为本身源自此 x 这一事实的反身性把握而被指涉出来。因此以此种方式我们有了一个开始,在这一反身性思维行为的第一人称类型的意识中,尽管尚不是完全的、真正的第一人称意识,即类似于我们在使用表象我去以第一人称方式思考自身的时候所获得的那种意识(作为经验性的人,那个叫尹洁的人,等等——因为仅仅是思维 x 的主体的话还不是一个人格人;我们除了知道统觉性思维的反身性行为源自 x 之外并不知道更多)。

过程的第二阶段:然而,在以此种方式把握这个思维的主体 x 的时候,我们未能把握关于其本质的东西——比方说,形而上学的或者其他的,等等。对于我们而言思维行为源自的就只是 x 而已。思维的行为本身(不是思维的主体 x,而是源自思维主体 x 的那个思维行为)才是那个拥有纯粹形式结构的东西,在这种意义上关于实体和过程的本性即关于那个 x 的本性,关于思维行为的流出,即被包含在思维行为和其流出之中的,我们都未被告知任何信息。

过程的第三个阶段:至今为止,我们没有一个完全意义上真正的第一人称意识或者任何外显的表象我。我们没有意识到作为人格的思维主体 x(人格就是你应用表象我来指涉被你当作拥有所有精神属性——比方说——在内感官中被展示——的虚构的我或实体 e,通过综合内感官的杂多而得到的)。我们到目前为止,也没有使用任何特殊的、个别的第一人称表象。(我们仅仅拥有关于统觉的思维行为关于其自身从思维主体 x 中流出的反身性意识。)

然而,当我们开始综合来自外感官和内感官的杂多之时,我们产生了一个特殊的、第一人称的表象——比方说,我之前提到过的表象 M。当使用这样关于所有属于我们自身的杂多元素的第一人称表象之时,我们才能以一种真正的第一人称的方式思考,即:我思考"我看见了我面前的这台电脑"。因此我们也认为,我们虚构性地设定了一个对于这个表象我的指涉,一个拥有所有杂多元素的实体 e(经验自我）。

根据我所支持的观点，这一指涉物本身并不真的存在——真正存在的，是表象我。但这一表象我就其自身而言是转瞬即逝的；它在综合过程中来了又去。并且那一表象的虚构性指涉物，经验的我，其自身也是飞逝而过的。这一虚构的指涉物就是我们用我们自身日常意识的"我"之思想所指代的东西（就像当我说"我看见了在我前面的这台电脑"时）。这一虚构的指涉物与思维主体 x 不是一回事。并且那个未知的思维主体也并不进入我们关于世界的真正知识之中，我们关于在时间和空间中对象的知识源自我们关于外部和内部世界杂多综合的结果。相较而言，当知晓这个世界的时候，我们将知识也归于表象我的虚构指涉物了。

以上的总结给出了我试图在本书中重建的自我意识观点的概貌。正如我之前所说的，我本人的观点始于卡斯特内尔达关于"我"的论述以及霍威尔关于康德"我思"的论述，这个新的观点也结合了某些早期的建构尝试，这些尝试在以上两位哲学家那里都不曾见到。我关于表象我的转瞬即逝特征上的观点与卡斯特内尔达的一致，但是我不将转瞬即逝的经验性的思维主体（在这个例子中，那个叫"尹洁"的人）与其表象相等同。取而代之的是，我已经在这幅图画中加入了这样的部分，即卡斯特内尔达发展了这样一个观点——当我们使用表象我的时候，我们也在想一个虚构的东西。我们虚构性地思考，那一表象拥有一个指涉物，那个表象指涉实体 e，尽管没有这样的实体真的存在。

最后我要强调一下我在此处总结的观点与克切的这一观点吻合，即，我们只有通过那些统觉之行为才能得到思维主体 x，即那个产生统觉行为的东西。再者（这一点康德本人也强调了），因为那是唯一我们能够得到那一实体的方式，我们关于那个实体的本性没有任何知识，也没有关于其如何产生其统觉性的行为的知识，等等。因此我认为我的观点不仅仅抓住了康德本人建议的关于自我意识的观点，也同时是至今为止没有在文献中得到过充分处理的观点。只不过我关于康德的一些观点仍与当代康德学者发展出来的大部分康德理论较为一致。

在总结这一观点的呈现的时候，我也应该强调下，有人也许会问基于什么理由我们要接受这一理论的那些起点，即存在着一个不可知的思维主体 x，这一思维主体产生出统觉行为从而启动了以上描述的那整个过程。即使思维的主体被引入作为我们不知晓其本性的某物（以及作为不是任何一类康德式经验知识对象之表象的某物），那么在我的理论里究竟什么理由使得我们能够接受这样一个主体呢？

作为回应，我强调两点。首先，在本书中我试图尽可能地重建康德本人的观点，我认为康德本人很明显地接受了这类不可知的思维主体的存在。（确实，他认为他自己的整个对象框架需要接受这个主体的存在，那些对象经由外感官和内感官向着主体显现，然后经由那一主体综合的、统觉的行为而被知晓，尽管这一主体自身不是康德式认知的任何对象。）其次，似乎可能的是一个我的理论的一个更为极端的观点可以被发展出来，在这个观点里思维主体自身最终不被当作真正存在，而被当作在某种意义上是虚构的。如果持有的是这样的观点的话，那么我们将不得不用来开启的东西就是反身性的、统觉性的行为（我们意识得到这些行为的存在，经由我们对于其的产生过程）。那些行为以某种方式（也许以某种虚构的方式）引入了关于其自身的反身性的思维，这一思维就是他们自身源自一个思维主体 x。他们引入那一思维尽管事实上并没有这样的思维主体 x 真的存在。然后我所描述的整个过程从步骤 1 到 3 都发生了。

如果要再为具体地发展和辩护这个观点将会引起很多新的困难的问题。我本人不确定最后它是否能够被很好地辩护，尽管我同情这个观点，甚至认为其中有些版本是非常合理的。无论如何，基于以上强调的理由，我认为极端的观点不是康德本人的观点，且细节性地探究这个观点也超出了本书所能及的范围，因此此处不再赘述。它当然引起了一些非常有趣的议题，然而，却是既哲学性的又历史性的。（比方说，它能与费希特那个被康德激发的观点相关联，即经由我思，自我不知怎地"设定其自身"。）但是我还是将这一探索任务留待今后完成。

6.3　这个模型如何回应霍威尔的两个问题呢？

如果有人还记得霍威尔(2006)在讨论我思与自我意识时涉及的三个方面的话，那么应该可以看得到我这里给出的模型可以解释：

首先，代词"我"的索引词使用，因为仅当第一人称我的意识在一个人那里达成的时候，他才能说出代词"我"从而指涉自身，并且这样的指涉是直接的，即无需任何描述中介，因为它仅仅需要一个人经由他自身指向他自身，这就是一个反身性的自我意识。

其次，在这样的模型里，当使用的代词"我"的时候，指向一个人自己也是免于错误识别的，有两个原因可以解释这一点。第一个是，不用依赖于任何识别行为，通过先验统觉的综合行为直接地指涉或挑选出那个思维主体 e，因为它所产生来综合直观杂多的那个我之形式①；第二个是，我之内容被归于思维主体仅当这同一个思维主体执行了那同一个统一化且使得我之内容（或相应的经验认知）变得可能。换句话说，自我意识被达至的方式决定了这个模型中的自我指涉并不需要一个额外的识别行为。

第三，在这个模型里，对于"我"的直接指涉性使用不能被还原为、或分析为任何不受霍威尔那个规则(R)统治的术语之使用。规则(R)认为说出代词"我"的说话者就是代词"我"指涉的人，并且这在我重建的模型中也是真的，因为仅当一个人能够拥有他自己的第一人称我之意识之时，他才能说出代词"我"，因此当他说出"我"的时候他肯定意图指向他自己而不是其他人，这肯定是符合规则(R)的。

---

① 参见第五章相关解释。

Bibliography

Allison, H. , 1983. *Kant's Transcendental Idealism: An Interpretation and Defense*, New Haven, CN: Yale University Press.

Ameriks, K. , 2000. *Kant's Theory of Mind: An Analysis of the Paralogisms of Pure Reason*, 2nd edition. Oxford: Oxford University Press.

Beiser, F. C. , 2006. *The Fate of Reason: German Philosophy from Kant to Fichte*, Cambridge, MA: Harvard University Press.

Bennett, J. , 1966. *Kant's Analytic*, Cambridge: Cambridge University Press.

Bennett, J. , 1974. *Kant's Dialectic*, Cambridge: Cambridge University Press.

Bermúdez, J. L. , 1998. *The Paradox of Self-Consciousness*, Cambridge, MA: MIT Press.

Brook, A. , 1994. *Kant and the Mind*, Cambridge and New York: Cambridge University Press.

Brook, A. , 2004. "Kant, cognitive science, and contemporary neo-Kantianism," In D. Zahavi, ed. *Journal of Consciousness Studies*, special number.

Cassam, Q. (ed.), 1994. *Self-Knowledge*, New York: Oxford University Press.

Castañeda, H-N. , 1966. " 'He', A Study in the Logic of Self-Consciousness," *Ratio* 8, *pp.* 130 – 157.

Castañeda, H-N. , 1967. " Indicators and Quasi-indicators ," American Philosophical Quarterly 4(2): 85 – 100.

Castañeda, H-N. , 1988. "Persons, Egos and I's: Their Sameness Relations," In: Spitzer M. , Uehlein FA, Oepen G, ed. *Psychopathology and Philosophy*, *Berlin, New York: Springer-Verlag.*

Castañeda, H-N. , 1990. "Self-consciousness, I-structures, and Physiology," In: M. Spitzer and B. Maher, ed. Philosophy and Psychopathology, New York: Springer-Verlag.

Castañeda, H-N. , 1990. "The Role of Apperception in Kant's Transcendental

Deduction of the Categories," *Noûs*, Vol. 24, No. 1, On the Bicentenary of Immanuel Kant's Critique of Judgment (Mar. , 1990), pp. 147 – 157.

Caygill, H. , 1995. *A Kant Dictionary*, Oxford: Blackwell Publishers.

Chisholm, R. M. , 1981. *The First Person*, Minneapolis: University of Minnesota Press.

Fichte. J. G. , 1970. *Science of Knowledge*, ed. Peter Heath and John Lachs, New York: Appleton-Century-Crofts.

Fichte, J. G. , 1994. *Introduction to the Wissenschaftslehre and Other Writings*, ed. and trans. Breazeale, D. , Indianapolis: Hackett.

Förster, E. (ed.), 1989. *Kant's Transcendental Deductions: The Three 'Critiques' and the 'Opus Postumum'*, Stanford: Stanford University Press.

Forster, M. N. , 2008. *Kant and Skepticism*, Princeton NJ: Princeton University Press.

Frank, M. , 1995. "Is Subjectivity a Non-Thing, an Absurdity [*Unding*]? On Some Diffculties in Naturalistic Reductions of Self-Consciousness," in *The Modern Subject: conceptions of the self in classical German philosophy*, ed. Ameriks, K. and Sturma, D. , Albany: State University of New York Press.

Gertler, B. , 2011. *Self-Knowledge (New Problems of Philosophy)*, New York: Routledge.

Guyer, P. , 1987. *Kant and the Claims of Knowledge*, Cambridge and New York: Cambridge University Press.

Guyer, P. , 2006. *The Cambridge Companion to Kant and Modern Philosophy. (Cambridge Companions to Philosophy*, Cambridge: Cambridge University Press.

Guyer, P. (ed.), 1992. *The Cambridge Companion to Kant*, Cambridge: Cambridge University Press.

Guyer, P. , 2006. *Kant (Routledge Philosophers)*, London: Routledge Taylor.

Guyer, P. (ed.), 2010. *The Cambridge Companion to Kant's Critique of Pure Reason*, Cambridge University Press.

Hanna, R. , 2004. *Kant and the Foundations of Analytic Philosophy*, Oxford: Oxford University Press.

Hatzimoysis, A. (ed.), 2011. *Self-knowledge*, New York: Oxford University Press.

Henrich, D. , 1982. "Fichte's Original Insight," *Contemporary German Philosophy* 1: 15 – 52.

Henrich, D. , 1994. *The Unity of the Reason: Essays on Kant's Philosophy*, MA: Harvard University Press.

Howell, R. , 1981. "Apperception and the 1787 Transcendental Deduction", Synthese 47(3): 385 – 448.

Howell, R. , 1992. *Kant's Transcendental Deduction*, Dordrecht, Netherlands: Kluwer Publishers.

Howell, R. , 2006. "Kant, the 'I think', and Self-awareness. " In: Predrag Cicovacki, ed. *Kant's Legacy*, Rochester, NY: The University of Rochester Press.

Kant, I. , 1974. *Anthropology from a Pragmatic Point of View*, trans. Gregor, Mary, The Hague: Martinus Nijhoff.

Kant, I. , 1988. *Logic*, trans. Hartman, R. S. and Schwartz. W, New York: Dover.

Kant, I. , 1999. *Critique of Pure Reason*, trans. Guyer, P. and Wood, A. Cambridge: Cambridge University Press.

Kapitan, T. , 1999. "The Ubiquity of Self-awareness," *Grazer Philosophische Studien*, 57: 17 – 43.

Keller, P. , 1998. *Kant and the Demands of Self-consciousness*, Cambridge: Cambridge University Press.

Kircher, T. and David, A. (ed.), 2003. *The Self in Neuroscience and Psychiatry*, New York: Cambridge University Press.

Kitcher, P. , 1990. *Kant's Transcendental Psychology*, New York: Oxford University Press.

Kitcher, P. , 2011. *Kant's Thinker*, New York: Oxford University Press.

Klemm, D. E. and Zöller, G. (ed.), 1997. *Figuring the Self: Subject, Absolute, and Others in Classical German Philosophy*, Albany: State University of New York Press.

Kriegel, U. and Williford, K. (ed.), 2006. *Self-Representational Approaches to Consciousness*, Cambridge, MA: MIT Press.

Kuehn, M. , 2001. *Kant: A Biography*, Cambridge and New York: Cambridge University Press.

LaPorte, Joseph, "Rigid Designators", *The Stanford Encyclopedia of Philosophy* (*Summer* 2011 *Edition*), Edward N. Zalta (ed.), URL = <http://plato. stanford. edu/archives/sum2011/entries/rigid-designators/>.

Lewis, D. 1979. "Attitudes *De Dicto* and *De Se*," *Philosophical Review* 88(4): 513 – 543.

Longuenesse, B. , 1998. *Kant and the Capacity to Judge*, Princeton: Princeton University Press.

Newstead, A. , 2006. "Evans's Anti-Cartesian Argument: A Critical Evaluation," *Ratio* (*new series*) XIX – 2 (June 2006): 214 – 228.

Meerbote, R. , 1989. "Kant's functionalism." In: J. C. Smith, ed. *Historical Foundations of Cognitive Science*, Dordrecht, Holland: Reidel.

Pippin, R. , 1987. "Kant on the spontaneity of mind," *Canadian Journal of Philosophy* 17: 449 – 476.

Powell, C. T. , 1990. *Kant's Theory of Self-consciousness*, New York: Oxford University Presss.

Rockmore, T. , 2011. *Kant and Phenomenology*, Chicago: The University of Chicago Press.

Sartre, J. P. , 1991. *The Transcendence of the Ego: An Existentialist Theory of Consciousness*, New York: Hill and Wang.

Shoemaker, S. , 1968. "Self-reference and Self-awareness," *The Journal of Philosophy* 65: 555 – 578.

Smit, H. , 1999. "The Role of Reflection in Kant's *Critique of Pure Reason*," *Pacific Philosophical Quarterly* 80: 203 - 223.

Stang, N. , 2011. "Review: Patricia Kitcher, *Kant's Thinker*", *Philosophical Reviews*. Retrieved on March 3, 2012. http://ndpr.nd.edu/news/26942-kant-s-thinker-3/.

Strawson, G. , 2009. *Selves: An Essay in Revisionary Metaphysics*, New York: Oxford University Press.

Strawson, P. F. , 1965. *Individuals: An Essay in Descriptive Metaphysics*, London: Methuen.

Strawson, P. F. , 1966. *The Bounds of Sense*, London: Methuen.

Van Cleve, J. , 2003. *Problems from Kant*, New York: Oxford University Press.

Walker, R. C. S. , 1978. *Kant*, London: Routledge, Kegan Paul.

Wolff, R. P. , 1963. *Kant's Theory of Mental Activity*, MA: Harvard University Press.

Wolff, R. P. , 1967. *Kant: a Collection of Critical Essays*, New York: Doubleday.

Zahavi, D. , 1999. *Self-awareness and Alterity: A Phenomenological investigation*, Evanston: Northwestern University Press.

致　谢

最深的敬意给予我的首席博士论文指导老师 Robert Howell 教授。作为一个资深的康德专家和分析哲学家,他的哲学创造力永远是我灵感的源泉。为了把我训练成为一个有专业哲学素养的学者,Howell 教授花费了巨大的心力。我将永远感谢他在我的哲学职业生涯中起到的积极作用。感谢我的另外两位博士论文指导老师,著名的认识论专家、美国实用主义哲学专家 Robert Meyers 教授,以及心灵哲学专家 Ron McClamrock 教授。Meyers 教授曾经费尽心思、手把手地教会我怎样成为一个严肃的写作者和学者,Ron 则是我见过的最睿智幽默、哲学视野最开放的学者之一。

同时也感谢纽约州立大学哲学系的前任系主任 Jon Mandle 教授的支持,以及誉满全球的生命伦理学家 Bonnie Steinbock 教授的鼓励和提携。正是因为有了这样一些优秀、睿智的哲学家,我的求学过程才更为轻松和高效。

感谢我在复旦哲学学院硕士求学期间的所有指导教授,尤其是恩师张汝伦先生和亦师亦友的孙向晨教授。他们广阔的哲学视野和深厚的哲学功底帮助我奠定了最基本的哲学品位。

感谢我的原工作单位东南大学人文学院的各位领导和同事的鼎力支持,这本书能够出版,得益于东南大学优越的工作环境和严谨的学术氛围。

The last but not the least, many thanks to little tiger, for your love and support.

图书在版编目（CIP）数据

康德心灵理论研究/尹洁著.—上海：上海三联书店，2018.4
ISBN 978‑7‑5426‑6043‑5

Ⅰ.①康…　Ⅱ.①尹…　Ⅲ.①康德（Kant，Immanuel
1724—1804)-哲学思想-研究　Ⅳ.①B516.31

中国版本图书馆 CIP 数据核字（2017）第 189917 号

康德心灵理论研究

著　　者／尹　洁

责任编辑／黄　韬

装帧设计／徐　徐

监　　制／姚　军

责任校对／张大伟

出版发行／上海三联书店

　　　　　（201199）中国上海市都市路 4855 号 2 座 10 楼

邮购电话／021‑22895557

印　　刷／上海肖华印务有限公司

版　　次／2018 年 4 月第 1 版

印　　次／2018 年 4 月第 1 次印刷

开　　本／640×960　1/16

字　　数／180 千字

印　　张／12.5

书　　号／ISBN 978‑7‑5426‑6043‑5/B·538

定　　价／45.00 元

敬启读者，如发现本书有印装质量问题，请与印刷厂联系 021‑66012351